CATALOGUE

DE

LETTRES AUTOGRAPHES

MANUSCRITS

DOCUMENTS HISTORIQUES, ETC

PROVENANT DU CABINET

DE FEU M. DUCHESNE Aîné

conservateur du département des estampes de la Bibliothèque impériale

DONT LA VENTE AURA LIEU

LE JEUDI **30** ET LE VENDREDI **31** AOÛT **1855**

à 7 heures très-précises du soir

RUE DES BONS-ENFANTS, 28, MAISON SILVESTRE

salle nᵒ 3

PAR LE MINISTÈRE

DE Mᵉ **CHARPENTIER**, COMMISSAIRE-PRISEUR

rue du Helder, 14

ASSISTÉ DE M. LAVERDET, *expert*

Chargé de la vente

—— ooc ——

Ce Catalogue se distribue

A PARIS

CHEZ LAVERDET, expert en autographes

RUE SAINT-LAZARE, 24

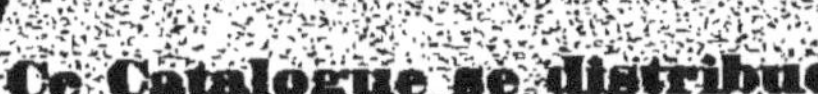

1855

CATALOGUE

DE

LETTRES AUTOGRAPHES

MANUSCRITS

DOCUMENTS HISTORIQUES, ETC

PROVENANT DU CABINET

DE FEU M. DUCHESNE Aîné

conservateur du département des estampes de la Bibliothèque impériale

DONT LA VENTE AURA LIEU

LE JEUDI **30** ET LE VENDREDI **31** AOUT **1855**

à **7** heures très-précises du soir

RUE DES BONS-ENFANTS, 28, MAISON SILVESTRE

Salle n° 3

PAR LE MINISTÈRE

DE M° **CHARPENTIER,** COMMISSAIRE-PRISEUR

rue du Helder, 14

ASSISTÉ DE M. LAVERDET, *expert*

Chargé de la vente

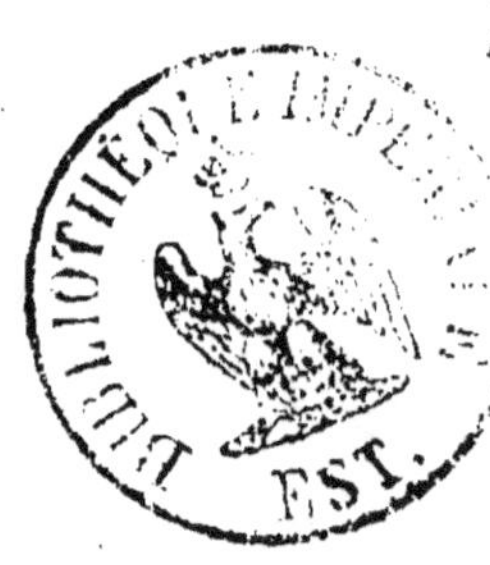

Ce Catalogue se distribue

A PARIS

CHEZ LAVERDET, expert en autographes

RUE SAINT-LAZARE, 24

1855

ORDRE DES VACATIONS.

Première Vacation. . . . . — Jeudi 30 août 1855.
Du nᵒ 1 à 120.
Deuxième Vacation. . . . . — Vendredi 31 août.
Du nᵒ 121 à 152.

Il y aura chaque jour de vente, de une heure à trois, exposition des pièces qui seront vendues le soir.

On aura huit jours pour leur vérification; passé ce délai, aucune réclamation ne sera admise.

Les acquéreurs payeront 5 pour 100, en sus du prix d'adjudication, applicables aux frais.

M. LAVERDET, chargé de la vente, recevra les commissions qui lui seront adressées. (Les lettres doivent être adressées franc de port.) Il est chez lui de une heure à quatre (pendant l'été), les dimanches et les fêtes exceptés.

Abréviations. — L., lettre. — A. ou aut., autographe. — S. ou sig., signée. — Gr., grande. — P. ou pet., petite. — P., page. — Pl., pleine. — Portr., portrait. — Gr., gravé. — Lith., lithographié. — N. ms., notice manuscrite. — Doc. ou docum. imp., document imprimé. — C., cachet.

En vente.

PETITE ISOGRAPHIE NAVALE DE LA MARINE FRANÇAISE, depuis Louis XIV jusqu'à nos jours, comprenant le *fac-simile* de la signature (souvent avec plusieurs lignes aut.) de 204 célébrités maritimes classées par ordre de règne, précédée d'une liste alphabétique imprimée avec des numéros de repaire, 38 pages (dont 12 pages de liste alphabétique impr. et 26 de l'isographie lithographiée). Brest, 1853. In-8, broché. Prix. . . . . 2 fr.

ESQUISSES AUTOGRAPHIQUES ET BIOGRAPHIQUES, par C. Noël Lefèvre. — Collection de lettres autographes de M. Grasset aîné, à la Charité-sur-Loire. Nevers et Paris, 1853. 1 vol. in-8 de 200 pages. Prix. . . . . 3 fr.

LE CABINET HISTORIQUE, *revue trimestrielle*, contenant, avec un texte et des pièces inédites, intéressantes et peu connues, le catalogue général des manuscrits que renferment les bibliothèques publiques de Paris et des départements, touchant l'histoire de l'ancienne France et de ses diverses localités, sous la direction de *Louis* PARIS, ancien bibliothécaire de Reims. — *Le Cabinet historique* paraît tous les trois mois (à partir du 1ᵉʳ août 1854), par cahiers de 8 feuilles ou 128 pages (3 feuilles de texte historique et 5 feuilles de catalogue, contenant l'indication de 800 manuscrits environ). — Dans un bulletin à part, il sera fait un compte rendu succinct de tous les ouvrages publiés dans l'année, et concernant les provinces dont le *Cabinet historique* se sera occupé. Le titre, la table et la couverture accompagneront la première livraison de la seconde année. — Prix de l'abonnement, pour Paris et les départements : DOUZE *francs;* pour l'étranger, le port en sus. Chaque livraison demandée à part : SIX *francs.* — On souscrit, à Paris, au **bureau du *Cabinet historique*, rue d'Angoulême-Saint-Honoré, nᵒ 27.**

CATALOGUE

DE

LETTRES AUTOGRAPHES.

PREMIÈRE VACATION.

Jeudi 30 août 1855. — N°ˢ 1 à 120.

1. ALLEMANDS, PRUSSIENS, HOLLANDAIS, BELGES, etc., écrivant à M. Duchesne aîné, et autres.

BRULLIOT. 2 lett. aut. sig. Munich, 1824-1825. — CETTO, ministre de Bavière. Paris, 1818. — QUANDT (de). — FABRICIUS. 3 lett. Paris, 1827. — GALITZEN (Pierre). Paris. — GRIMM. Cassel, 1812. — HAGER (D. J.). — HAGLER. Paris, 1826. — JANSSEN (le chevalier de). Chaillot, 1776. — KLAPROTH (J.). 1826. — KRACHLER (Frédéric). Anvers, 1826. — LIGNE (le prince de). Paris, 1846. — MASSERANI (le prince de). L. sig. Madrid, 1791. — Douze lett. aut. sig. et 4 lett. sig. Ensemble, 20 p. in-8 et in-4.

2. ALLEMANDS, PRUSSIENS, HOLLANDAIS, BELGES, etc., écrivant à MM. Duchesne, Dacier, Wille, etc.

MERCY-ARGENTEAU (le comte de). Paris, 1771. — MILLINGEN (J.). Paris, 1823. — MONACO (Joseph de). — OELSNER, conseiller d'ambassade du roi de Prusse. Paris, 1822. — PRÉPAUD, ministre du cardinal de Hutten. Paris, 1766. — REHBERG (Fr.). 1827. — RITTER. Berne, 1770. — RULFENBERG (le baron de). Bruxelles, 1844. — SCHORN (Fr.). Berlin, 1836. — SCRÔDER (Dr Ph.). Bronsvic, 1841. 6 p. pl. in-4. — SPIRK (A.). Prague, 1834. — TUBIN (le comte de). 1775. — VANDERMURE (le général-major, comte). Saint-Omer, 1843. — VINCENT (le baron de), ministre d'Autriche en France. L. sig. Paris, 1820. — WEIGEL (S. A. G.). Leipzig, 1827. — WERTHER, ministre de Prusse. Paris. — Plus, une pièce de vers en allemand, 2 p. in-4. — Dix-huit lett. et pièces sig., aut., et aut. sig. Ensemble, 30 p. in-8, in-4 et in-fol.

3. ANGLAIS, écrivant à M. Duchesne aîné.

BINDA. 2 lett. 1826. — BROCKEDON (Wm). 1825. — BUCKINGHAM et CHANDOS. 1824. — COLNAGHI. 1820. — DIBDIN. 1825. — GRENVILLE (Thomas). 3 lett. 1824 et 1826. — LANSDONNE (lord). 10 lett. aut. et aut. sig. Ensemble, 18 p. in-8 et 4.

4. ANGLAIS, écrivant à M. Duchesne aîné.

FORD (Richard). 5 lett. 1826. — SASS (W.). 1825. — SIDNEY-SMITH (l'amiral). 1821. — SMITH (W. James). 2 lett. 1825. — SMITH (John-Thomas). 1825. — THOMPSON (C.). — Dix lett. aut. sig. Ensemble, 18 p. in-8 et in-4.

5. ANGLAIS, écrivant à M. Duchesne aîné.

SMEDLEY (Henry.). 8 lett. 1823-1826. — SPINCER (lord). 3 lett. 1824. — Onze lett. aut. sig. Ensemble, 21 p. in-8 et in-4.

6. ANGLAIS, écrivant à M. Duchesne aîné.

THOMPSON (Thomas). 3 lett. 1803. — TYNDALE (Mme Marguerite-

Catherine). 1824. — Vallineux (B. L.). 1825. — Vulliamy (M.). 2 lett. 1824-1826. — Walker. — Wilson (Th.). 2 lett. 1824-1826. — Woodburne (Samuel). 1824. — Woodburn (W. S.) — Douze lett. aut. sig. Ensemble , 15 p. in-8 et in-4.

La plupart des lettres des quatre numéros qui précèdent sont écrites en français, et sont relatives à des estampes, aux beaux-arts, etc.

7. ANGLAIS , écrivant à divers. Sept lett. aut. sig.

Banks (M.), à M. L'héritier. 1789. 3 p. in-4. — Brigge (Th. S.), à M. W. Clark. 1824. 2 p. in-4. — Douce (F.). 1 p. in-8. — Faden (W), géographe. 1778. 1 p. in-4. — Young (le docteur). 1822. 1 p. in-8. — Weston (Richard), naturaliste. 2 lett. 1772-1783. 7 p. in-4.

8. ANGOULÈME, (Marie-Thérèse-Charlotte, *Madame*, duchesse d') , fille de Louis XVI et de Marie-Antoinette.

Une page d'écriture en petit moyen, aut. sig. *Marie-Thérèse-Charlotte*, *fecit anno* 1786, commençant par cinq lignes de lettres majuscules, suivies d'une ligne de chiffres arabes, six lignes sur l'histoire d'Henri IV, et une ligne des lettres minuscules de l'alphabet. A la suite des six lignes d'histoire se lisent de la main du professeur les mots : *Assez content.* — La première page du second feuillet est remplie par neuf lignes de mots et noms divers en moyen. Au bas se trouve cette mention du professeur : *Très-satisfait de l'écriture et de l'application.* 2 gr. p. pl. in-4.

9. ANGOULÈME. *La même.*

Une page de devoirs d'écriture (huit lignes de mots et noms divers par ordre alphabétique), en moyen, aut. sig. (en petit moyen) *Marie-Thérèse-Charlotte*, *fecit anno* 1786. Au bas on lit de la main du professeur : *très-content.* 1 p. pl. in-4.

10. ANGOULÈME. *La même.*

Une page de devoirs d'écriture (huit lignes de noms et mots divers par ordre alphabétique) en moyen, aut. sig. (en petit moyen) *Marie-Thérèse-Charlotte*, *fecit anno* 1786. Il y a beaucoup de corrections de la main du professeur, et les mots : *très-content.* 1 p. pl. in-4.

11. ARCHITECTES. 18 lett. sig. et aut. sig., adressées aux membres de la famille Duchesne , etc. , depuis 1738 jusqu'en 1844. 18 lett. aut., et aut. sig.

Cellerier. 1810. — Beausire. 1739. — Beausire, jeune. 1756 — Delannoy. 1825. — Devienne. 1785. — Dufour. 1819. — Fontaine. 1826. — Froelicher. 1842. — Gabiret. 1738. — Gondouin. — Hazon. 3 lett. 1767 et 1783. — Heurtier. 1782. — Huvé. 2 lett. an vi. — Huvé. 1826. — Hurtault. 1789. — Ensemble, 25 p. in-8 et in-4.

12. ARCHITECTES. *Idem*, 20 lett. aut. et aut. sig.

Hittorf. 2 lett. 1828. — Labarre. — Leclerc (Achille). 1848. — Ledreux. 1779. — Ledreux. 1778. — Lenormand. 2 lett. 1772. — Migne. 1769. — Périgord (gr.-ch.). 1826. — Perronet. 1785. — Peyre. 1785. Peyre-Ferry. — Pluyette. 1756. — Vaudoyer. 2 lett. 1844. — Visconti, dernier architecte du Louvre. 4 lett. 1833-1845. — 27 p. in-8 et in-4.

13. ARNAULD (Simon), marquis de *Pomponnes*, ambassadeur, ministre des affaires étrangères. M. 1699.

L. aut. sig., à M.... La Ferté-sous-Jouarre , 25 oct. 1663. 3 g. p. in-4.

Au sujet des rentes qui lui appartiennent sur les douze cent mille livres des tailles. Motifs de sa réclamation.

14. ARNOULD (Sophie), actrice célèbre. N. 1744. M. 1803.

L. aut. signée *Sophie Arnould*, à son ami. Clichy-la-Garenne, 25 juin 1790. 1 gr. p. pl. et demie in-4.

Elle lui recommande de la manière la plus pressante son ami Monteclaire, pour une place de piqueur ou de sous-piqueur ou pour un emploi quelconque dans les travaux qu'il dirige pour la fête nouvelle et solennelle qui va être célébrée.... « Il « faut que vous fassiés plus pour luy, mon amy, non par ambition ny intérest de « sa part, mais par un sentiment de délicatesse qui lui fait désirer de n'estre pas « confondu avec bien des gens qui sont là.... eh! aux quels il voudrait pourtant « bien n'estre pas assimilé : car! c'est à vraies dire le besoin qui le force, à se « convaincre de la vérité du proverbe qui dit : *Qu'il n'y a point de sots métiers,* « *qu'il n'y a que de sottes gens.* »

15. AUDRAN (Gérard), célèbre graveur.   M. 1703.

Quittance sig. (sur parchemin), comme graveur du roi et conseiller en son académie royale de peinture, de la somme de deux cent soixante-deux livres dix sols pour les trois derniers mois de l'année 1699, d'une rente constituée sur les aides et gabelles. Paris, 10 mars 1700.

16. BAILLY (Jean-Silvain), maire de Paris, membre de l'Académie française.   Né en 1736. Mis à mort en 1793.

L. aut. sig., à M. Duchesne le fils, chez M. Duchesne, prévôt des bâtiments, à Versailles. Paris, 3 septembre 1772. 1 p. pl. in-4. Cachet.

Il lui demande pardon de ne lui avoir pas donné plus tôt des nouvelles du mémoire auquel il s'intéresse. Il ignore si le rapport en a été fait, il n'a point été nommé commissaire; c'est M. Messier, qui est actuellement en campagne....

BAILLY, père du précédent, garde des tableaux du cabinet du roi.

L. aut. sig., à M. Duchesne, prévôt des bâtiments, à Versailles. Paris, 3 septembre 1750. 2 p. pl. in-4.

Il le prie de faire accorder un habillement complet au garçon qui lui a été accordé pour la garde des tableaux et l'ouverture et la fermeture des portes du cabinet des tableaux du roi, à Paris.

17. BARANTE (le baron de), historien, membre de l'Académie française.

Six lettres aut. sig., à M. Duchesne. Paris, 1842 à 1845. 6 p. pl. in-8.

18. BARTHÉLEMY (l'abbé Jean-Jacques), antiquaire, auteur du *Voyage du jeune Anacharsis.*   N. 1716. M. 1795.

L. aut. sig., à M.... Paris, 19 mars 1761. 4 gr. p. in-4.

Il vient de *jetter* les yeux sur les inscriptions qu'il lui a fait l'honneur de lui communiquer, et il n'a pas tardé à s'apercevoir que la première contenait en effet le symbole de la foi : « Il est gravé sur deux lames de plomb, souscrites par un « prêtre d'Elvire, nommé Pierre. Afin que vous puissiez vous en convaincre par « vous-même, je vous donne icy l'alphabet de ces caractères, et en l'appliquant, « vous aurez la bonté de prendre garde aux abréviations. Ainsi vous lirez d'a- « bord.... » etc., etc.

19. BARTHÉLEMY. *Le même.*

L. aut. sig., à M.... (son confrère), ce 25 septembre. 1 p. in-4.

Il le remercie pour les recherches qu'il a eu la bonté de lui envoyer sur les armoiries des trois provinces de la généralité de Tours.

20. BARTSCH (Adam), artiste allemand, conservateur du cabinet des estampes de l'empereur d'Autriche.

1° L. aut. sig., à M. Joly, conservateur du cabinet d'estampes, à la bibliothèque impériale. Vienne, 3 juin 1808. 2 p. in-4.

Au sujet de plusieurs suites d'estampes et de vignettes qui se trouvent décrites dans le catalogue de M. Mariette.

2° L. aut. sig., à M. Van Bœkhout. Demi-page in-8, en travers.

Il lui renvoie l'œuvre du *Maître-Roux,* il n'a pas besoin de celui *du Primatice,* etc.

DOUCE (Francis). L. aut. sig., à M. Duchesne aîné. Londres, 15 janvier 1822. 6 gr. p. pl. in-4.

Cette lettre est toute relative aux œuvres de Bartsch et à l'alphabet du *Maître* de 1466. Intéressante.

21. BEAUHARNAIS (la Cᵐᵉ Fanny de), poëte. N. 1738. M. 1813.

1° L. aut. sig. (minute de), à sa Majesté la reine Hortense, sa nièce et sa filleule. 3 avril 1811. 3 gr. p. pl. in-4. Curieuse.

2° Lett. aut. sig., à M.... Conseiller d'État. 20 messidor an XIII, 1 p. in-4.

GENLIS (la comtesse de). L. aut., à M. Maradan. Vendredi soir. 1 p. in-8. Corrections à faire à un de ses ouvrages.

22. BEETHOVEN (Louis Van), célèbre compositeur allemand. Né à Bonn (Prusse) en 1770. Mort à Vienne en 1827.

Pièce aut. sig., (en allemand). 1823. 2 gr. p. pl. in-4. Avec de nombreuses corrections musicales sur les deux pages.

23. BÉRANGER (Pierre-Jean de), poëte populaire, chansonnier. N. 1780.

L. aut. sig., à M. Duchesne. Paris, sans date (après 1815). Tête imprimée avec les mots *Université impériale*, mais *impériale*, biffé.

Attaché à l'administration de l'Université, il n'est point libre aux heures d'ouverture de la Bibliothèque du roi. Il a joui longtemps de l'avantage d'en emporter des livres, mais un ordre supérieur l'en a privé.... « Je sais que le titre de chan-« sonnier du caveau moderne est nul en littérature, et qu'ainsi rien ne me recom-« mande pour obtenir la faveur que je sollicite, mais votre bienveillance si connue « ne pourrait-elle, monsieur, suppléer aux titres qui me manquent?... »

24. BLUMENBACH (Jean-Frédéric), savant médecin et naturaliste allemand. Né en 1752.

L. aut. sig. (en allemand), à M. Jules Klaproth, à Berlin. Gœttlingen, 20 décembre 1812. 1 gr. p. pl. in-4.

25. BOFFRAND (Germain), célèbre architecte. Né à Nantes en 1667. Mort à Paris en 1754.

1° L. aut. sig., à M. Duchesne, prévôt des bâtiments du roi, à Versailles. Paris, 3 décembre 1748. 2 p. in-4.

2° L. aut. sig., à M. Duchesne, au même. Paris, 4 juin 1750, 2. p. in-4. Cachet.

Il n'a pas différé pour trouver le nom de l'architecte qui a donné le dessin du château de Chambord. « C'est Jacques Barozzi de Vignole, élève du Primatice dans « le règne de François Ier, et a travaillé sous la conduite de Primatice aux bâtiments « de Fontainebleau. C'est aussi Vignole qui, étant allé à Rome avec Primatice, par « ordre de François Ier, en rapporta les moules des belles figures du Belveder, « qu'il fit fondre de bronze et qui furent placées dans les jardins de Fontai-« nebleau.... »

26. BONAPARTE (Napoléon Ier), comme général en chef de l'armée de l'Intérieur.

L. sig. *Buonaparte*, au directeur de la Bibliothèque nationale. Au quartier général, à Paris, le 13 ventôse an IV. 1 p. in-fol. Tête imprimée et vignette. — Plus ; une signature découpée.

Il désirerait savoir s'il existe quelques ouvrages sur les opérations militaires de Catinat et sur celles des princes de la maison de Savoie. « Vous m'obligerez de « faire des recherches et de m'envoyer la note que je vous demande le plus tôt pos-« sible, devant partir sous peu de jours pour prendre le commandement de l'armée « d'Italie. »

27. BONAPARTE. *Le même.*

L. sig. *Buonaparte*, au citoyen Barthélemy, conservateur de la Bibliothèque nationale. Paris, 13 ventôse an IV. 1 p. in-fol. Tête imprimée avec vignette.

Il a fait droit à la réclamation qu'il lui a faite pour exempter de la garde les employés à la Bibliothèque dont il lui a envoyé les noms.

28. BONAPARTE (Lucien), prince de Canino.

1° Pièce sig., comme ministre de l'intérieur. Paris, 3 fructidor an VIII. 1/2 p. in-4°. Tête imprimée.

Nomination du citoyen Duchesne comme professeur d'histoire naturelle, de physique et de chimie au collége de Saint-Cyr.

2° L. aut. sig., au citoyen Duchesne, professeur à l'école centrale à Versailles. Paris, 30 vend. an XII. 1 p. in-4. Tête imprimée, vignette.

29. BOSSUET, évêque de Meaux. N. 1622. M. 1704.

1° Fragment aut. de notes sur des questions théologiques et morales. 2 gr. p. pl. in-4.

2° Corrections aut. sur des devoirs du grand dauphin. Neuf p. in-4. Entièrement gâtées par l'humidité.

30. BRUNET, auteur du *Manuel du Libraire*.

L. aut. sig., à MM. les conservateurs des livres imprimés de la Bibliothèque impériale. Paris, 1er février 1813. 1 p. in-4.

Au sujet des livres de la Bibliothèque impériale dont il a besoin pour la composition de son ouvrage.

Berryat Saint-Prix, éditeur d'une édition des œuvres de Boileau-Despréaux. Deux lett. aut. sig., à M. Duchesne aîné. Paris, 1843 et 1847. 2 p. in-8.

31. BUFFON (le comte de), célèb. natur. N. 1707. M. 1788.

L. aut., à M.... Montbard, 31 octobre 1737. 1 p. et quart in-4. Déchirure par le cachet (qui a été arraché), enlevant quelques lettres à trois lignes. Au bas de la seconde page se trouvent deux lignes aut. sig. du marquis de Châteaugiron.

On croit aisément ce qui flatte, et il avait tant de joie à s'imaginer Sfickman séparé de sa pipe qu'il ne lui restait pas même l'envie d'en douter : « Ainsi, sans « me plaindre de ma crédulité, je plains sa faiblesse et sa mauvaise habitude ; je la « crains par les idées noires que j'ai quelques fois vû naître à la suitte de cinq ou « six raisonnements métaphysiques et d'une douzaine de pipes ; je ne puis donc « m'empêcher de le recommander à votre gaîté naturelle et que je crois à l'épreuve « du temps et des vents.... »

32. CAMPAN (Mme Henriette Genet), surintendante de la maison impériale d'Écouen. N. 1752. M. 1822.

L. aut. sig., à M.... Ce 7 thermidor an XI. 2 p. pl. in-4.

Sur son établissement et ses principes d'éducation.

Chastenay (Mme Victorine de). L. aut. sig., à M. Duchesne. Paris, 29 janvier 1846. 1 p. in-8.

Renneville (Mme de). Notice autographe des ouvrages composés ou traduits par elle ; éditeurs qui les ont publiés. 2 gr. p. 1/2 in-4.

33. CHABOT (François, dit le *Capucin*), membre de l'Assemblée législ. et de la Convent. N. 1759. Mis à mort en 1794.

L. aut., à M. Richard, botaniste, à Rhodez. Milleau, 29 octobre 1786. 1 p. in-4. Déchirure par le cachet.

34. CHAMPOLLION (Jean-François, dit le *Jeune*), savant archéologue et orientaliste. N. 1790. M. 1832.

Deux lett. aut. sig., à M. Duchesne aîné. Paris, 1822. 2 p. in-8.

Champollion-Figeac. Trois pièces aut. sig. in-8.

Rémusat (J. P. Abel). Quatre lett. et pièces aut. sig., in-8 et in-4.

Chardon de la Rochette. L. a. s., à M. Dacier. Paris, 30 avril 1813. 1 gr. p. in-4.

35. CHARLET, peintre et dessinateur. N. 1783. M. 1845.

L. aut. sig., à M. Duchesne. Paris. Sans date. 1 p. pl. in-8.

Il a la grippe et occupe ses loisirs de maladie à écrire un petit cahier à l'usage de l'École polytechnique, et il a besoin de quelques renseignements qu'il ne trouvera que dans le traité de peinture de Montabert....

36. CHAUVELIN (Germain-Louis, marquis de), ministre des affaires étrangères. Mort à 78 ans, en 1762.

L. aut. sig., à M. Duchesne le fils, à Montreuil. Versailles, 6 juillet 1772. 1 p. pl. in-4.

Chamillart. L. sig. Versailles, 21 octobre 1663. 2 p. in-4.

Colbert. L. sig. à M.... Poitiers, 26 déc. 1663. 1 p. in-8.

37. CHOMPRÉ (Pierre), instituteur, auteur du *Dictionnaire abrégé de la Fable*, etc. Né à Nancy en 1690. M. en 1760.

L. aut. sig., à M. Duchesne, prévôt des bâtiments du roi, à Versailles. 20 janvier 1754. 2 p. in-4.

Relative à un petit volume précieux et très-rare publié par Sébastien Cramoisy en 1620.

38. CHOMPRÉ. *Le même.*

L. aut. sig., à M. Duchesne, prévôt des bâtiments du roi. Paris, 16 novembre 1754. 3 gr. p. pl. et demie in-4. Cachet. Écriture fine et serrée. Belle lettre.

Conseils sur l'étude de la langue grecque qu'il doit faire suivre à son fils. Exposé de sa méthode pour l'enseignement de cette langue.... « Il y a quarante ans que « j'ai commencé avec la jeunesse, j'ai toujours envie de lui être utile. J'ai proposé « les instruments qu'il faut pour aller selon mes petites lumières en attendant que « quelqu'un plus intelligent que moi fasse mieux, et cela n'est pas difficile. J'ai eu « mille déboires : vous savez, monsieur, qu'on se lasse à la fin. Je ne suis pas in-« trigant. J'ai dépensé beaucoup d'argent que je ne reverrai jamais, etc., etc. »

39. CLERGÉ CATHOLIQUE. Treize lettres.

Antoine de Saint-Thomas, Feuillant. L. aut. sig. 1771. 3 p. in-4. — Béliard. 2 lett. sig. et aut. sig. Madrid, 1768. 3 p. in-4. — Bétencourt. Lett. aut. sig. 1 p. in-8. — Bignon (l'abbé). L. sig. 1701. 2 p. in-4. — Charrier de la Roche, évêque de Versailles. L. aut. sig. 1/2 p. in-4. 1808. — Des Aulnays. L. aut. sig. 1/2 p. in-4. — Dieulouard, curé de Saint-Germain-en-Laye. L. aut. sig. an XII. 1 p. in-8. — Egon (Guillaume), cardinal, landgrave de Furstemberg, évêque et prince de Strasbourg. Pièce sig. 1699. 1 p. in-fol. — Fleury (le cardinal de). Billet aut. sig. et 2 lett. sig. 1737 et 1738. 3 p. in-8 et in-4. — Grégoire, évêque de Blois. L. aut. sig. 1813. 1 p. in-4.

40. CLERGÉ CATHOLIQUE. Huit lettres.

Languet de Gergy, curé de St-Sulpice. L. aut. sig. 1738. 1 p. in-4. — Montesquiou (l'abbé, duc de). L. sig. 1815. 1 p. in-4. — Montpezat (Jean de), évêque de St-Papoul. L. aut. 1662. 3 p. in-4. — Nozin (l'abbé). 2 lett. aut. sig. 1776 et 1777. 1 p. in-8 et 2 p. in-4. — Québec (Jean, évêque de). Pièce sig. Paris, 1713. 1 p. in-8. Cachet. — Rochechouart (Louise-Françoise de), grand'prieure de l'abbaye de Fontevrault. Pièce sig. 1700. 1 p. in-fol. Cachet. — Marie-Angélique du St-Sacrement. Pièce aut. sig. 1693. 1 p. in-4.

Marron (le pasteur), président du consistoire de Paris. Quatre lett. ou billets aut. sig. adressés à M. Duchesne. 1828. 4 p. in-8.

41. COCHIN (Charles-Nicolas), dessinateur du cabinet du roi, garde des dessins du Louvre, secrétaire de l'Académie de peinture. N. 1715. M. 1790.

L. aut. sig., à M.... 8 mars 1783. 2 p. pl. in-4.

Il l'entretient longuement de la gravure en bois que M. Le Blond a mise en œuvre pour toute la gravure de ses petits animaux.... « Il arrive ce que j'avais à peu près « prévu, la gravure en bois, sans être aussi agréable, est beaucoup plus chère « qu'en cuivre et a de plus le défaut qu'on n'y saurait rien corriger, si ce n'est peut-« être d'amaigrir quelques traits lorsqu'ils se trouvent trop épais, mais on ne peut « jamais donner plus d'épaisseur à ceux qui se trouvent trop maigres, etc., etc....

42. COLLÉ (Charles), poëte, auteur dramatique, chansonnier, lecteur et secrét. du duc d'Orléans. N. 1709. M. 1783.

Deux couplets aut. (14 vers) 1 p. pl. in-4.

43. COUDER (Louis-Charles-Auguste), peintre d'histoire, élève de David. Né à Paris en 1791.

1° L. aut. sig., à M. Duchesne aîné. Paris, 12 nov. 1830. 1 p. in-8.
2° L. aut. sig., au même. Paris, 5 oct. 1840. 1 gr. p. pl. in-8.

3° L. aut. sig., à M. Devoix, l'un des bibliothécaires au cabinet des estampes, à la Biblioth. royale. Paris, 19 août 1833. 3 gr. p. pl. in-4.

Il lui donne l'historique de sa vie et de ses principaux ouvrages, et l'entretient d'une circonstance intéressante de la vie de J. B. Stouff.

44. COURT DE GÉBELIN (Antoine), historien, auteur de *Le Monde primitif analysé et comparé avec le moderne*, etc.　　　Né à Nîmes en 1725. Mort en 1784.

1° Billet aut. sig. (à la 3° personne), à M. Duchesne, prévôt des bâtiments du roi. 1776. 1 p. in-8 en travers. Cachet.

2° L. aut. sig., au même. 15 juin 1782. 1 p. in-4.

Au sujet de son mémoire qu'il a adressé à M. Herman de Strasbourg de la part du musée.... Il est charmé d'avoir pu lui rendre ce léger service....« Je suis dou-« blement fâché que vous n'ayez pu assister à notre assemblée sous la tente du « premier jeudi de mai, qui offrit un spectacle tout à fait nouveau à Paris, si riche « cependant en ce genre....»

45. COUSTOU.

L. sig., à M. Duchesne, prévôt des bâtiments du roi. Paris, 11 juin 1784. 1 p. in-4.

Au sujet de la suppression des baraques et échoppes adossées aux murs des maisons royales et autres de la ville et faubourgs de Paris.

Coustou, fils du précédent. L. a. s., à M.... 21 août 1784. 2 p. in-8.

Sur plusieurs statues et groupes du jardin des Tuileries.... « Celui qui est du « côté du Tibre, fait par Nicolas Coustou, est la Marne et la Saône..,. »

46. COYPEL (Charles-Antoine), premier peintre du roi et du duc d'Orléans, directeur de l'Académie de peinture et de sculpture.　　　N. 1694. M. 1752.

L. aut. sig., à M. Duchesne, garde des bâtiments du roi. Paris, 3 septembre 1750. 1 p. pl. in-4.

Au sujet d'une affaire qui concerne M. Bailly, garde des tableaux du cabinet du roi. Il ne doute point que M. Natoire n'ait eu le succès qu'il mérite.

47. COYPEL. *Le même.*

Mémoire aut., adressé au duc d'Orléans, régent, au sujet des tableaux que son père a faits pour lui dans les appartements du Palais-Royal depuis 1703 (il fait longuement la description de ces tableaux), 4 gr. p. pl. et quart in-4. Il le termine ainsi :

« A. Coypel a laissé un fils dans sa profession. S. A. R. a bien voulu luy conser-« ver la charge de son premier peintre que possédoit son père. Il a déjà eu le bon-« heur de faire huit tableaux pour S. A. R. Cinq sur les esquisses de ce prince, des « sujets de Daphnis et Cloé, ils sont à Bagnolet. Un autre pour la cheminée de « monseigneur le duc de Chartres, qui représente les Amours qui se forgent des « traits. Deux autres, dont l'un a pour sujet Priam aux pieds d'Achille, qui luy re-« demande le corps d'Hector. Le second, Hercule, qui cueille les pommes d'or du « jardin des Hespérides. Le jeune Coypel, qui doit tout à S. A. R., mest à la teste « des graces qu'il a receu d'elle les sçavantes critiques qu'elle a la bonté de luy « faire. »

48. CUVIER (Georges), célèbre naturaliste. N. 1769. M. 1832.

1° L. aut. sig., à M. Dacier. Sans date. 1 p. in-4.

Relative aux manuscrits du père Plumier.

2° L. aut. sig., au même. Paris. 19 messidor an VI. 2 p. in-4.

Au sujet d'un prétendu bâtard de chien et de poule. Curieuse.

3° L. aut. sig., au même. an XII. 1 p. in-4.

49. DACIER (Bon-Joseph), membre de l'Académie française.

L. aut. sig., à M. Duchesne aîné, en Hollande. Paris, 11 sept. 1812. 3 p. in-4.

Fourier (le baron), membre de l'Institut. L. aut. sig., à M. Dacier. Paris, 10 septembre 1820. 1 gr. p. pl. in-4.

Ginguené. L. aut. sig., à Legouvé. 2 p. in-8.

50. **D'ALEMBERT** (J. Lerond), philosophe, géomètre, écrivain, membre de l'Académie française. N. 1715. M. 1783.

L. aut. sig., à M.....Paris, 22 avril 1773. 2 p. in-4.
Les soins qu'il a à donner aux préparatifs d'une séance de l'Académie l'empêchent de se trouver au rendez-vous qu'il lui avait assigné.

51. DAMES FRANÇAISES NOBLES.

BONAPARTE (la princ. Elisa). L. sig., à sa sœur. Pise, 1812. 1 p. in-4.
DURAS, comtesse de LA ROCHEJAQUELEIN. L. aut. sig., à M. Duchesne. 28 mai 1844. 1 p. in-8.
OUDINOT (la maréchale), duchesse de REGGIO. L. aut. sig., au même. Paris, 12 février 1829. 1 p. in-8.
RICHELIEU DE MONTCALM. Billet aut. sig., à M. Joly, garde des estampes de la Bibliothèque du roi. 1 p. in-18.
ROCHECHOUART, duchesse de RICHELIEU. L. aut. sig., à M. Dacier. Courteille, près Verneuil. 1 p. in-4.
VAUFRELAND (la baronne Her. de). L. aut. sig. 2 p. in-8.

52. DAMES FRANÇAISES ET ÉTRANGÈRES.

ALEXANDER (lady Elisabeth). — BEAUFORT D'HAUTPOUL (la comt. de). — BIHERON. 1764. — BOUILLY (Mme veuve). 2 lett. 1847. — CHERBADOFF (princesse). 1828. — COSTE (J.). 2 lett. 1824. — COURLET (Espérance Langlois). — DENON (L. aut. adressée de Terraglio, 3 octobre 1806, à M.). 2 p. in-4. — RYCHU (Mary A. de). — Onze lett. aut. et aut. sig. Ensemble, 17 p. in-8 et in-4.

53. DAMES. *Idem.* 15 lettres.

GALITZIN (la princesse). 1822. — HARANGUIER DE QUINCEROT (M. L. d'). 2 lett. 1816. — FLORIMOND. 1772. — GÉRARD (la baronne), femme du peintre François Gérard. 2 lett. — HAXO (la baronne). — HELVETIUS. 1747. — IMBART (Henriette). 1831. — JANAUD (baronne). 1843. — LANGLÈS.— LA TOUR DU PIN (la marquise de). 2 lett. — LAURETTE. 1825. — LAVIGERIE DE QUINCEROT. — Quinze lett. aut. sig. Ensemble, 25 p. in-8 et in-4.

54. DAMES. *Idem.* 12 lettres.

MALLET (Sophie). 1824. — MONTBRET (C. de), née Haron. 1821. — MONTGOLFIER (Adélaïde). 1840. — MOREAU DE CLÉDAT. 1803. — MURRAY. 1845. — PINON (la vicomtesse de). 1821. — PINON (T. veuve). 1811. — POMMEREUX (Daumont, baronne de). 2 lett. 1825 et 1826. — PUYSÉGUR DE VAUBECOURT. 1771. — VILLEMOT, née HAUY. — VILLY. 1762. Douze lett. aut. sig. Ensemble, 18 p. in-8 et in-4.

55. DAUBENTON (Louis-J.-Marie), célèbre anatomiste, ami et collaborateur de Buffon. N. 1716. M. 1800.

1° Quatre lett. aut. sig., à M. Duchesne fils, à l'hôtel de Seignelay, à Versailles. Montbard, 1766 à 1785. Ensemble, 11 p. in-4.
2° Quatre lett. sig., au même, Montbard et Paris, 1769 à 1775. Ensemble, 10 p. in-4. Cachet.
Il l'entretient dans toutes ces lettres d'arbres à fruits, etc.

56. DAUBENTON. *Le même.*

L. aut. sig., à M. Joly, garde du cabinet des estampes du roi. Paris, 1er juillet 1772. 2 p. in-4. Intéressante.
RICHARD, naturaliste. Billet aut. sig. 1 p. in-18.

57. DAVID (Jacques-Louis), peintre célèbre, membre de la Convention nationale. N. 1750. M. 1825.

Note aut. (sig. 5 fois à la 3e personne). 1 p. pl. et quart in-4.
« Conditions de monsieur David pour la vente de la répétition de son tableau du
« Couronnement. — 1° Le prix de cette vente est fixé à la somme de soixante-
« quinze mille francs.... Le 2e tiers sera envoyé à Bruxelles lorsque M. David fera
« savoir qu'il est à la moitié de l'ouvrage....»

58. DAVID D'ANGERS, statuaire, memb. de l'Inst. N. 1789.

Quatre lett. aut. sig.. à M. Duchesne aîné. 1839-1842. 4 p. in-8.

LEMAIRE, statuaire. L. aut. sig., à M. Joly, conservateur des estampes à la Bibliothèque royale. Paris, 21 oct. 1828. 1 p. in-4.

TROUARD, statuaire. L. aut. sig., à M. Duchesne, prévôt des bâtiments du roi. Paris, 2 août 1748. 2 p. in-4.

59. DIETRICH (Chrétien-Guillaume-Ernest), célèbre peintre. Né à Weimar en 1712. Mort en 1779.

L. aut. sig. (en allemand), à M. Mariette, à Paris. Dresde, 16 juillet 1761. 2 p. gr. in-4. Cachet. Belle lettre.

60. DIETRICH. *Le même.*

L. aut. sig. (en allemand), au même. Dresde, 26 octobre 1760. 3 pl. gr. in-4. Belle lettre.

61. DIETRICHSTEIN (le comte Maurice), gouverneur du duc de Reichstadt, directeur de la Bibliothèque impériale de Vienne.

1° L. aut. sig., à M. Duchesne (à Vienne en ce moment). Vienne, 11 mars 1828. 1 p. pl. in-4.

2° L. aut. sig., au même. Vienne, 15 avril 1835. 2 gr. p. pl. in-4.

Il désirerait pouvoir justifier les éloges que sa bonté lui prodigue. La direction de la Bibliothèque impériale lui a été confiée en 1826, et lorsqu'il eut l'honneur de le voir l'année suivante, l'éducation du duc de Reichstadt ne lui permit pas de se vouer encore exclusivement aux soins qu'un pareil établissement réclame....

62. DIVERS, ÉCRIVAINS SUR LES BEAUX-ARTS, ARTISTES, etc.

25 lett., la plupart adressées à MM. Joly, Duchesne aîné, Dacier, etc.

ALLAIS. 1826. — ATOCHE. — ARTAUD, directeur général du musée de Lyon. 2 lett. 1831. — BERGERET. 1833. — BRUNE (A.). 1840. — BRUZARD. — CAILLEUX. 4 lett. 1824-1827. — CHAMPIN. 1845. — DAGNAUX. 1841. — DENON. an XII. — DONNDORF. 2 lett. — DUBOIS (L. J. J.). — DUSOMMERARD. 1844. — DU TERTRE. — FORBIN (le comte de). 4 lett. 1822-1838. — GAY. 2 lett. 1825-1826. — Ensemble, 32 p. in-8 et in-4.

63. DIVERS. *Idem.* 28 lettres. *Idem.*

GRANGER. 1817. — HOUEL. 1808. — HUBERT. — JAEK, bibliothécaire de Bamberg. 1829. — JOLMONT. 1826. — JOSI (H.). Londres, 1837. — LABORDE (Léon de). 1840. — LANTÉ. 1828. — LAURENT (H.). 1830. — LENOIR (Albert), auteur de la statistique monumentale de Paris. — MIGNERON. 1829. — MILLET. 1824. — NAIGEON. 1817. — NIEWERKERKE (le comte de). 1851. — NORBLIN. 1825. — PEZOU (Alex.). — PICOT (professeur à l'académie de Genève), auteur d'un dictionnaire (manuscrit) des graveurs. 1842. — PINGRY. 1854. — PONCE. 1813. — REHBERG (F.). 1827. — REICHARD (F.). Lyon, 1822. — REY (E.). Lyon, 1824. — ROÉLM. 1825. — STRAUBE, inspecteur de la galerie de l'archiduc Charles, et Fu. FINC. Vienne, 1828. — THOMAS. 1827. — TRAGEN (dʳ). Berlin, 1828. — VALLARDÉ et le marquis MALASPINA DE SANNAZARO. Milan, 1828. Ensemble, 38 p. in-8 et in-4.

64. DIVERS, à M. Antoine Duchesne, prévôt des bâtiments du roi, à son fils le botaniste, avocat au Parlement, etc., de 1662 à 1789.

CELLERIER. 1737. — CROISMARE. 1765. — CUVILLIER. 1789. — DE COTTE. 1739. — DE FORTIS. 1663. — D'HENNERY. 1772. — DELAMOTTE. 2 lett. 1732 et 1737. — DE LIVRY. 1738. — DEMIROMONT. 1760. — DE VANNES. 1764. — DE WAILLY. 1772. — D'ISLES (G.). 3 lett. 1748-1762. — DORCHEMER. 1726. — DUMERSAN. 1778. — DU PONCEAU. 1763. — FOURNEAU. 1761. — GAILLARD DE CHARANTONNEAU. 1768. — GILBERT. 2 lett. 1764-1776. — GOUION DE SAINT-THOMAS. 3 lett. 1769-1771. HENNIN. 1769. —

Le Bezziays. 1773. — Lespée. 1748. — Lhermite Villeblanche. — Maugar. 1739. — Michelot. Perpignan, 1740. — Ozé. 1738. — Panetier de Marigny. 1776. — Prépaud. 1766. — Ramoult (de). Lorient, 1740. — Rieux (Bernard de). 1739. — Saboureux de Fontenay. 1770. — Turin (de). 15 lett. 1768-1772. — Villemair (de). 3 lett. 1757. — Villeron (de). 4 lett. Fontainebleau. 1749-1750. — Villeroy (le duc de). 1738. — Vilmorin. 1771.
51 lettr. aut. sig. Ensemble, 88 p. in-4 et in-fol.

65. DIVERS, écrivant à MM. Duchesne, prévôt des bâtiments du roi, Duchesne le botaniste et Duchesne aîné.

Briffault (l'abbé). 3 lett. Saumur, 1846 et 1847. Ensemble 12 p. pl. in-4. Relatives à diverses châsses antiques. Curieuses. — Carpentier (l'abbé). 1838. 1 p. in-4. — Crapelet (Charles). 1844. 2 p. in-8. — De Villeronde. 8 lett. 1748 à 1756. 19 p. in-4. — Dubois (l'abbé). 3 lett. 1851. 6 p. in-8 et in-4. — Gaillard de Charentonneau. 1767. 1 p. in-4. — Giot (J.). 1819. 3 p. in-4. — Lemonnier. 3 p. in-4. — Spielmann. 2 lett. 1763-1768. 3 p. in-4. — Tord (Richard). 1827. 3 p. in-4. — De Turin. 2 p. in-4. — Wilna (le comte de). 1819. 1 p. aut. in-4. — De Rychu (Mme Mary Anne). 1 p. in-8. — Ensemble, 25 lett. aut. sig.

66. DIVERS, à M. Duchesne, botaniste, auteur du *Traité des Fraisiers*, M. Duchesne, professeur au lycée de Versailles, etc.

35 lett. et pièces s. et a. s., de 1763 à 1817. Ens., 64 p. in-8 et in-4. Bastion (l'abbé Yves). 2 lett. 1807. — Caoure. — Coste. 1807. — Crouzet. 2 pièces an ix. — Decroix. 1774. — Degomicourt. 1772. — Delatte. 1815. — Duquesnoy. — Fourcroy. 4 lett. 1808. — Giroust. 1812. — Jauffret. 2 lett. an xi. — Jauffret (L. F.). an x. — Jumilhac. an ix. — Lamartinière. an viii. — Lambert. 3 lett. 1763. — Larivalliere. an x. — Laugier. 1807. — Le Blond. 1781. — Le Roy. — Moreau de la Vigerie. 2 lett. 1793. — Pihan de la Forest. 1807. — Poirot d'Ogeron. 1768. — Richard. 1764. — Taillefer. 1814. — Teissèdre. 1817. — Thiébault (Dieudonné). an xiii. — Tschoudi (le baron de), bailli de Metz. L. aut. sig. Metz. 1769. 2 p. in-4. Cachet. — Villemer.

67. DIVERS, à M. Duchesne aîné. 40 lettres.

Acher (le baron d'). — Aignan (E.). — Balzac (B. de). — Barré, directeur du Vaudeville. — Bastard (Aug. de). — Beauchamp (Alph. de). — Bérard. 5 lett. — Berthevin. 5 lett. — Bertin (Armand). — Beugnot. — Blacas d'Aulps. 1824. — Blanc (Edmond). L. sig. — Borromeo (le comte Gilbert). — Bouillé (le comte R. de). — Broglie. — Brongniart (Alex.). 2 lett. — Brunel frères. — Bruzard. 2 lett. — Buchon. 2 lett. — Busch. — Cadet de Gassicourt. — Cadet de Vaux. 2 lett. — Caillaud (Fr.). 2 lett. — Caraman (le duc de). — Caraman (le c.te Ch. de). 2 lett. — Carnot (H.). Ensemble, 42 p. a. s. in-8 et in-4.

68. DIVERS, à M. Duchesne aîné. 38 lettres.

Caron. — Castellan (A. L.). — Challan. — Chasles (Philarète). — Chézy. 3 pièces. — Choiseul (le duc de). 4 lett. — Choris (Louis). 2 lett. — Clarac (le comte de). — Coffinières. — Coquebert Montbret. — Coquerel (Charles). — Costaz. — Craon (le prince de). — Cunin-Gridaine (Ch.). 2 lett. — Cuvier (Ch.). — Daunou. — De Chozelles. — De la Lour (A.). — Delessert (Benjamin). 3 lett. — Delort (J.). 2 lett. — De Mauléon. 2 lett. — Desnoyers (J.). 3 lett. — Dolomieu (le marquis de). — Dumas. Lyon, 1835. — Dumersan. 2 billets. — Ensemble, 52 p. aut. sig. in-18, in-8 et in-4.

69. DIVERS, à M. Duchesne aîné. 39 lettres.

Dumouchel. — Dupin (le baron Charles). — Du Puy des Islets. — Duquesnoy. — Durand (E.). — Dureau de la Malle. 2 lett. — Du Som-

MÉRARD. 2 lett. — ESTERVILLE. — FAUCHÉ (le baron). — FEUILLET DE CONCHES. 5 lett. — FLORESKO (J. E.). — FORCEVILLE (Gédéon). — FOSSÉ D'ARCOSSE. — GARNIER (le comte Germain). 2 lett. — GRILLE. — GRIVEL (J.). — GRILLE DE BEUZELIN. — GUADET (J.). 1837. — GUIRAUD (Alex). — HARCOURT (le duc d'). — HAUTERIVE (le comte d'). 2 lett. — HAUTE-RIVE (le comte Aug. d'). — HASE. — HASE (H.). — HENNIN (M.). Munich, 1824. — HERNOUT. — HOUEL (J.). — HUREL (Ch.). — JOHANNEAU (Eloi). — JOMARD. 2 lett. — Ensemble, 46 p. aut. sig. in-8 et in-4.

70. DIVERS, à M. Duchesne aîné. 39 lettres.

JOMARD. 2 lett. — JOUVENCEL (le chevalier de). — JUBINAL (Achille). 2 lett. — KOEHLER (de). St-Pétersbourg, 1835. — LABOULAYE. 2 lett. — LACROIX (Paul). 4 lett. — LACROIX. — LAGRANGE (de). — LANJUINAIS (le comte F.). 2 lett. — LASCOURS. 2 lett. — LASTEYRIE (le comte de). L. sig. — LAVOLLÉE (O.). — LENOBLE (A.). — LEPELLETIER D'AUNAY (le comte). — MALAPINA DE SANNAZARO (le marquis) — MALJEAN. — MÉRILHOU. — MÉRIMÉE (Prosper). 3 lett. — MÉON. — MOLÉON (de). — MONMERQUÉ. — NOÉ (le comte de). 2 lett. — NONENCOURT (le chevalier de). — OTTO KERRIS. — PAGÈS. — PAJOL (le comte), fils. — PASCAL. Lyon, 1844. — PÉRIGORD (Ch.). — Ensemble, 46 p. sig., aut., et aut. sig. in-8 et in-4.

71. DIVERS, à M. Duchesne aîné. 40 lettres.

PETIGNY. — PIÉCARD. — PIXERÉCOURT. 2 lett. — POIRSON (A.). — PORTALIS (le vicomte). — POURTALÈS, et THÉVENIN (J. C.). — POUSSIN (J. T.). — QUATRE-BARBE (le comte de). — QUENTIN DE VILLERS. — QUINCEROT (de). — REINAUD. — REVOIL (P.). Lyon, 1810. — RIVIÈRE (le duc de). — ROBEC. — SAINT-HILAIRE (le baron). — SAUVO. — SERS. — SILVESTRE. — SOLEINE (de). — STRAUBE (G.). Vienne, 1828. — TAYLOR (le baron). 3 lett. — THAYER (E.) — TRÉMISOT. 2 lett. — VÉRACHTER (Frédéric). Anvers, 1845. — VIEL CASTEL (le baron de). — VIENNET. — VISCONTI (Sigismond). — VITET (L.). 8 lett. — WEIGEL (J. A. G.). Leipzig, 1835. — Ensemble, 51 p. aut. sig. in-8 et in-4.

72. DIVERS, à M. Dacier, conservateur à la Bibliothèque impériale. 23 lett. aut. sig.

AMAR. — AUGER. 2 lett. — BARTHÉLEMY (le marquis). — BERNARDI. — BELIN DE BALLU. — BOISSONADE. 3 lett. — BOISSY D'ANGLAS (le comte). — BOISSY D'ANGLAS (le comte), fils. — CAPEFIGUE. — CAUSSIN. — CHANLAIRE. — CHAUDRUC DE CROZANNE (le baron). — DEPPING. — FABRE (de l'Aude). L. sig. — FAURIEL. — GOLBÉRY (P. de). — HALMA (l'abbé). — HÉLY D'OISSEL. L. sig. — JOLLOIS. — LAGARDE (le baron de). — Ensemble, 30 p. in-8 et in-4.

73. DIVERS, *au même*. 24 lett. aut. sig.

LECLERC. — MAGNIN (Ch.). — MALTE-BRUN. — MANCEL (Ch.). — MARCHANGY. — MARTIN (L. Aimé). — MOLÉON (de). — MONGEZ. — MOREL VINDÉ. — NOEL (François). — PASTORET (le marquis de). 1821. — PEYRARD. — PORTALIS (le comte), fils. — POUGENS. L. sig. — RAYNOUARD. — SAINTE-AULAIRE (le comte de). — SAVOYE ROLLIN. — SÉDILLOT. — SIMÉON (le comte). 2 lett. — TIOLIER. 2 lett. sig. — WALKENAER. 2 lett. — Ensemble, 32 p. in-8 et in-4.

74. DIVERS, *littérateurs, hommes politiques*, etc, à divers.

ACHAINTRE. — ANISSON. 1696. — AUPEPIN. An VIII. — BAILLY (Jean-Sylvain), maire de Paris. L. sig. 1791. — BARBAROUX (C. O.). 1827. — MARBOIS (Barbé). — BARTHE LABASTIDE. — MARET, duc de Bassano. — BAUDE. — BERBIS (le chevalier de). — BIGNON. — BONALD (le vicomte de). — BRIFAUT. — BUACHE. — BURNOUF. — CACCIA (J. G.). L. sig. — CARON (l'abbé). — CASTELBAJAC. — CHAMPAGNY, duc de Cadore. 2 L. sig. — CHASTILLON. 1663. — CONSTANT DE REBECQUE (Benjamin). — CORAY. — COUSIN. An VI. — DARTOIS. — Vingt-cinq lett., aut. sig. — Ensemble, 50 p. in-8 et in-4.

75. DIVERS, *littérateurs, hommes politiques*, etc., à divers.

DAUNOU.—DELACROIX.—DELANCY.—DELAPALME.—DELAVAU (Charles).
DORMAY. — DUFOUGERAY. — DUFOUR (avec une note aut. de M. Joly,
garde des Estampes à la Bibliothèque du Roy. 1781).— DUTREMBLAY.
—EMÉRIC DAVID. 2 lett.—FABBRONI (J.)—FERTIS.— Aix, 1814.—FRANC-
MAÇONNERIE (L. sig. de Gustave de Beaumont. 8 février 1811.). —
FRANCONI frères. L. sig. 1826. — FREYCINET (Louis). — GAIL (J. B.).
4 pièces. — GOSSELIN. — GOURDAN. —GOUZIEN. — GRANDJEAN. — DE-
FOUCHY. 1772. — GUICHARD, pièce de vers aut. sig. — Vingt-cinq
lettres et pièces sig., et aut. sig. Ensemble, 32 p. in-8, in-4 et in-fol.

76. DIVERS. *littérateurs, hommes politiques*, etc., à divers.

MAISOIS. — GUYET LAPRADE. — GUYTON DE MORVEAU. — HENRYS. —
HÉRICART DE THURY. 2 lett. — HUZARD. — JAUBERT (le baron). 2 lett.
— JAY. — JULIEN, astronome. L. aut. sig. 1732. 2. p. in-fol. — KÉ-
RATRY. 1807. — LAFFON LADÉBAT. — LAGARDE, secrétaire général du
Directoire. 2 lett. — LAIRE (H.). — LAMETH (Charles). — LAUGIER
VILLARS (le comte de). 1838.—LASTEYRIE (le comte de).—LAVALLÉE.
LE GRAVEREND. — LELIÈVRE.—LENORMANT. 1750. —LETURQUEZ. 1787.
LOISEL.—Vingt-cinq lettres sig. et aut. sig.—Ensemble; 32 p. in-8,
in-4 et in-fol.

77. DIVERS, *littérateurs, hommes politiques*, etc., à divers.

MÉJAN. — MENTELLE. — MICHAUD. — MOLLIEN. — MONTMORENCY
TINGRY. — MONVEL, fils. — MOZARD, géographe. — NISARD (Désiré).
— NOAILLES (le comte de). — NOÉ (le comte de). — NOGARET (Félix).
2 lett. — PALISSOT DE MONTENOY. — PARDESSUS. 2 lett. — PHILIPON DE
LA MADELAINE. 1841. — POMMEREUX (le baron de). — POUGENS. 5 lett.
—QUINCEROT (de). — ROMANET. L. aut. sig., à Wille, graveur. Bâle,
1764. 3 p. in-4, cachet. — SAGE. — Vingt-cinq lettres et pièces sig.,
et aut. sig. — Ensemble, 33 p. in-18, in-8, in-4 et in-fol.

78. DIVERS, *littérateurs, hommes politiques*, etc., à divers.

SAINT-AIGNAN (Auguste de).—SAINT-MARTIN (J. de).—SALABERRY.—
SALLIER. 2 lett. — SARRELTE. — SCHEWEIGHAUSER (Jean). — SÉGUIER.
1840. — SÉGUR (le vicomte de). — SELVES. 1810. — SÉMONVILLE. —
STAEL (Auguste de). — SUARD. — THÉVENIN (C.) — TONNALIN DU
HAUTY. 1732. — TONNELIER. 1805. — VALANDRÉ. — VAUVILLERS (E.).
— VERMEIL. — VERNIER. An VIII. —Vingt lett. sig. et aut. sig. —En-
semble, 28 p. in-8, in-4 et in-fol.

**79. ÉGLISE ET MONASTÈRE DES CAPUCINES QUI
DOIVENT ÊTRE ÉTABLIES A PARIS, A LA
CHAUSSÉE-D'ANTIN, EN 1781.**

L. sig. de M. Lenoir, lieutenant de police, à M. de Fleury. Paris,
11 juin 1781. 2 gr. p. in-fol.

Il lui demande une somme de 50 000 francs à l'effet de faire continuer les travaux
pour l'élévation de l'église et du monastère des Capucines qui doivent être établis
à la Chaussée-d'Antin.... Il emploiera par avance et avec le consentement de
M. l'évêque d'Autun, tous les deniers de la caisse dépendant de son administration, et provenant des fonds versés par la loterie royale, pour l'entière construc-
tion de l'église et du monastère dont il s'agit ; le peu de deniers déjà reçus par les
vendeur (du terrain) et entrepreneur ont été tirés de cette caisse. « Je désire fort
« qu'on puisse dire la messe dans cette nouvelle église avant l'époque où l'on ou-
« vrira dans le même quartier la Comédie-Italienne.... »

LA REYNIE (de), lieutenant de police. Billet de 4 lig. sig., à M.
Delamare. 23 mai 1694. un tiers de p. in-12. Cachet.
Au sujet de l'ordonnance pour la procession de Sainte-Geneviève de 1675.

79, bis. ÉPÉE (l'abbé Charles-Michel de l'), le célèbre fondateur de l'institution des Sourds-Muets. N. 1712. M. 1789.

L. aut. sig., à M... Ce 7 juin 1769. 1 p. pl. in-4.
Au sujet de la lettre de l'abbé Ballin et de son affaire.

80. ETEX (Tony), statuaire-peintre.   N. 1808.

L. aut. sig., à M... Paris, 16 novembre 1844, 2 p. in-8.

Gois (E.), statuaire. L. aut. sig., à M. Duchesne. Paris, 20 mai 1827. 1 p. in-4.

Demande des costumes gravés des gardes nationaux, ainsi que les drapeaux qu'ils avaient en 1791.

Foyatier, statuaire. Billet aut. sig. demi-p. in-8, en travers.

81. FALKENSTEIN (Charles), bibliothécaire du roi de Saxe.

Six lett. aut. sig., à M. Duchesne aîné. Dresde, 1828 à 1843. Ensemble, 15 p. in-8 et 3 p. in-4.

Relative à des calques qu'il lui a adressés pour l'*Isographie*, à des demandes d'autographes de littérateurs français pour sa collection, etc.

82. FAVART (Antoine-Pierre-Charles), petit-fils de Charles-Simon Favart, littérateur, auteur dramatique, peintre, secrétaire de l'ambassadeur de France à Vienne (M. de Caraman). Né à Paris en 1784.

1° L. aut. sig., à M. Duchesne (Vienne). Sans date. 4 p. pl. in-8.

2° L. aut. sig., au même. Vienne, 18 août 1825. 1 p. pl. in 8.

3° L. aut. sig., au même. Vienne, 23 avril 1826. 4 p. pl. in-8.

Il l'entretient dans ces trois lettres d'objets d'arts, d'acquisitions à faire à plusieurs ventes à Paris. Dans la dernière, se trouve jointe (séparément) une contre-épreuve d'une nielle qu'il a copié, appartenant à Valardi de Milan. « Le chiffre « est, à ce que nous croyons, plutôt celui du saint que celui de l'artiste-orfévre. Je « l'ai copié en dehors à la plume, parce que précisément il ne paroît point du tout « dans la contre-épreuve. Il est placé au-dessus des pieds du saint martyr, sur la « planche, etc.... »

83. GÉRARD (l'abbé Philippe-Louis), chanoine de Saint-Thomas du Louvre, auteur du *Comte de Valmont ou les Égarements de la raison*.   Mort en 1813 à 76 ans.

L. aut. sig., à M... Meudon, 22 juillet 1804. 1 p. in-4. Intéressante.

84. GÉRARD (le baron François), peintre d'histoire.

L. aut. sig., à M. Lebarbier. Jeudi matin. 1 p. in-8.

Gérard (la baronne), femme du précédent. L. aut. sig., à M. Duchesne. Ce 21 ... 1 p. in-8.

Gros (le baron), peintre d'histoire. 1° certificat de 5 lignes aut. sig. Paris, 27 juillet 1816. in-8. — 2° Deux lignes aut. sig. derrière un billet d'entrée pour voir les peintures de la coupole de Sainte-Geneviève.

85. GESVRES (le duc de), surnommé l'*Impuissant*.

Trois lett. aut. sig., à M. Dulain, peintre du roi. Rouen, 7 mai 1774, 7 septembre, etc. Ensemble, 3 p. in-4. Cachet.

86. GOLOWKINE (le prince), ambassadeur russe en Chine.

L. aut. sig., à M. Klaproth. Paris, 4 août 1823. 1 p. pl. in-4.

Remercîments pour l'empressement qu'il a bien voulu mettre pour le faire agréer par la société asiatique.

87. GORI (Ant.-Fr.), professeur d'histoire naturelle à Florence, l'un des plus savants antiquaires du XVIIIe siècle, auteur du *Musée de Florence*, etc.   N. 1757.

1° Pièce aut. sig. (à la 3e personne, en italien), au sujet de son ouvrage (le Musée de Florence). 1 gr. p. pl. in-fol.

2° L. aut. sig. (en italien), à M... Casa, 18 avril 1733. 4 p. in-4.

88. GRAVEURS. 9 lettres, à divers.

Boissieu (J. J. de), L. aut. sig. Lyon, an XII. 1 p. in-4. — Co-

CHIN. Fragment aut. sig., découpé. in-18. — DANZEL, l. aut. sig. Abbeville. 1 p. in-8. — DROUET. L. aut. sig. 1. p. in-4. — DUCHANGE. L. aut. sig. 1728. 3 p. in-4. — DUPUIS. L. aut. sig. Versailles, 1772. 1 p. in-4. — FORSTER (Joseph). L. sig. 1837. 1 p. in-4. — GATTEAUX (E.). 2 lett. 1838. 2 p. in-8.

89. GRAVEURS. 11 lettres, à divers.

> GÉRINGER. L. sig. Paris. 1 p. in-8. — GIRARDET. L. aut. sig. Paris, 1827. Demi-p. in-4. — RUMIERRE. 2 lett. aut. sig. Paris, 1827. 3 p. in-8 et in-4. — PIRANESI. L. sig. Paris, an XIII. 2 p. in-4. — RICHOMME. 2 lett. aut. sig. Paris, 1823. 2 p. in-8. — SIMONNET aîné. L. aut. sig. Paris, 1820. 1 p. in-8. — SUPERCHY. 2 lett. aut. sig. 1784. 2 p. in-8 et in-4. — VOLPATO. L. aut. (écrite à la 3e personne). 1833. 1 p. in-8.

90. GRESSET (Jean-Baptiste-Louis), poëte célèbre, auteur du *Vert-Vert*, de la comédie du *Méchant*, etc., membre de l'Académie française.   N. 1709. M. 1777.

> L. aut. sig., à Mme de Sémonville. Amiens, 12 novembre 1741. 4 gr. p. in-4. La moitié en vers. Très-belle lettre.
>
> Il a fait tout ce qu'il a pu à Chaulny pour engager un *Intendangre* (M. de Chauvelin) et un *Bourgeangingre* (le père Bourgeant) « à se joindre à moi et à vous « écrire ensemble un chapitre de la suitte des *Barbes* ; je dois leur rendre justice « et dire à leur honneur que tous deux ne demandoient pas mieux, mais il est ar-« rivé à ce projet ce qui arrive assez communément à ceux dont plusieurs gens se « chargent à la fois ; tous les matins nous promettions tous trois de commencer la « lettre ; tous trois nous nous reposions l'un sur l'autre penoant le jour, et chaque « soir il ne se trouvait rien de fait ; l'un vouloit de la prose, l'autre des vers, le « troisième ni vers ni prose, ou tous les deux ensemble ; l'un prétendoit vous « prescher sur la singularité, l'autre vous faire la guerre sur ces bonnes grosses « distractions où l'on frappe trois fois du couteau sur la table ; je m'opposois aux « deux, je disois au premier pour justifier cette singularité prétendue par un « exemple dont je conserve une bien vive image :
>
>> « Plaire sans y songer, n'être point minaudière,
>> « Gagner tout sans prétendre à rien
>> « Soutenir sans pompons le plus long entretien,
>> « Ni bégueule. ni grimacière,
>> « Ni méchante, ni tracassière ;
>> « Je le demande, en ce temps-cy,
>> « N'est-ce point être singulière?
>> « Qu'il est heureux de l'être ainsi !
>
>> « .... »

91. GUIBERT (François-Apolline, comte de), colonel, inspecteur général d'infanterie, littérateur. N. 1743. M. 1790.

> L. aut. sig., à M... Melun, 7 novembre 1781, 2 p. in-4.
> Au sujet de l'ameublement des casernes, etc.

92. GUIZOT (François), homme d'État, historien.

> 1° L. a. s., au ministre de l'intérieur. Paris, 10 mai 1813. 1. p. in-4.
> 2° L. aut. sig., à M. Dacier. Jeudi, 8 janvier. 1 demi-p. in-8.
> 3° L. aut. sig., à M... 7 janvier 1824. 1 p. in-8.
> 4° L. aut. sig., à Mme A. Lenormant. Paris. 27 avril 1836. 1 p. in-8.

93. HALLER (Albert, baron de), fameux anatomiste, médecin et naturaliste, élève de Boerhaave, littérateur et poëte.   N. 1708. M. 1777.

> Huit lett. aut. sig., à M. Duchesne, prévôt des bâtiments du roi, et à M. Duchesne fils, avocat au Parlement. Berne, 1765 à 1770. Ensemble, 13 pages in-4. Cachet.
> Ces lettres sont en partie relatives à l'envoi et à l'élève de fraisiers allemands ou helvétiques, etc., etc.

94. HENRI III, roi de France.   N. 1551. M. 1589.

> L. aut. sig.| *Alexandre*. (Il avait été nommé en baptême

Alexandre-Édouard ; noms qu'il changea plus tard, de l'avis de sa mère, en celui de *Henri*). *A la Royne d'Espagne madame ma sœur* (mai 1562). 1 gr. p. in-fol. Belle et curieuse lettre, écriture d'enfant très-régulière, très-lisible, et bien différente de celle généralement connue.

« Ma dame je nay uoulu laisser passer ceste ocasion sans vous faire ce mot pour « me ramenteuoir en vostre bonne grace et vous supplier demetenir en celle du « Roy vostre mari à qui tous ceus de nostre maison sont bien fort obligés et moy « pour ma part je me sens si extrement tenu pour les honnestes offres qu'il a « faites au Roy nostre frère qui ne me sera jamais donné moyen de luy faire et « auons aussi un bon seruice.... »

95. HENRI III. *Le même.*

1° L. sig., à M. de Luxembourg. Paris, 16 oct. 1576. 1 demi-p. in-fol.

2° L. sig. au même. Paris, 30 oct. 1576. 1 demie p. in-fol.

Louis XIV. Pièce sig. (en son nom, sur parch.). 11 sept. 1649.

Louis XV. Pièce sig. (en son nom). 1754, in-fol.

Louis XVI. Pièce sig. (en son nom sur parch.). 1778.

Conti (Armand de Bourbon, prince de). Pièce sig., et sig. aussi par M. de Besons. Béziers, le 27 janvier 1662. 1 p. pl. in-4.

Penthièvre (le duc de). L. sig. Rambouillet, 1766. 1 p. in-4.

Epernon (Louis de La Vallette, duc d'). Pièce sig. (sur parch.). 1588.

96. HERMANN, président du tribunal révolutionnaire de Paris, ami de Robespierre.

1° L. sig., aux membres composant l'agence des lois. Paris, 1er prairial an II, 1 p. pl. in-4.

2° L. sig., aux mêmes. Paris, 2 thermidor an II, 2 p. pl. in-4.

Au sujet du payement des ouvriers de l'Imprimerie nationale. Curieuse.

97. HERSENT (Louis), peintre d'hist. et de portraits. N. 1777.

1° Billet signé, à M. Joly. 1 p. in-8.

2° L. aut. sig., à M. Duchesne. 17 février 1830. 2 p. in-8.

Relative à son tableau de Louis XVI distribuant des secours aux indigents dans les environs de Versailles pendant l'hiver de 1788.

Hawke (P.), peintre paysagiste. L. aut. sig. 1 p. pl. in-8.

98. HEYNE (Chrétien-Gottlob), célèbre écrivain allemand. Né à Chemnitz (Saxe) en 1729.   Mort en 1812.

L. a. s. (en allemand), à M... Gottingen, 23 avril 1811. 1 p. in-4.

Humboldt (le baron Alexandre de). L. aut. sig., à M. Dacier. Ce samedi. 1 p. in-4.

Millin (Louis-Aubin), antiquaire. L. aut. sig., à M. Duchesne. 13 frimaire an XIII. 2 p. et demie in-4.

Millin de Grandmaison. Deux lett. aut. sig., à M. Duchesne. 1787. 1 p. in-8 et 3 p. in-4.

99. HOUDON (Jean-Antoine), statuaire.   N. 1741. M. 1828.

L. aut. sig., *au citoyen directeur de la Bibliothèque nationale.* Paris, 7 thermidor an V. 1 p. pl. in-4.

Il est loin de lui adresser *aucunes réclamations* sur l'arrêté qui lui ôte son atelier ; il n'a jamais fait autre chose que de demander au ministre un autre local et son déménagement aux frais de la nation ; jusqu'à ce que ces justes demandes soient accordées, il ne déménagerait point, car il ne pourrait placer ses ouvrages autre part que dans la rue.... Si pour rentrer dans le lieu qui lui appartient et dont il a besoin, le Conservatoire « est forcé de mettre mes effets dehors au risque « même de les briser, j'aime mieux que ce soit lui que moi qui se trouve obligé de « faire une chose qui ne peut que m'être très-pénible.... »

100. INGRES (Jean-Auguste-Dominique), peintre d'histoire, membre de l'Institut.   Né à Paris en 1781.

L. aut. sig., à M. Duchesne aîné. 22 oct. 1851. 1 p. in-8.

Au moment d'exécuter une Jeanne d'Arc dans l'église de Reims, il a recours à son obligeance et à son savoir pour rechercher des détails historiques et artistiques dont il a le plus grand besoin....

101. ISABEY (Jean-Baptiste), dessinateur, peintre en miniature.   Mort en 1855, à 88 ans.

1° Billet aut. sig.., à M. Duchesne aîné. 19 août. 1 p. pl. in-18.
2° L. aut. sig., au même, sans date. 1 p. pl. in-8.
Isabey (Eugène), fils du précédent, peintre de marine.
1° L. aut. sig., au même. Lundi 16 ... 1 p. in-8.
2° L. aut. sig., au même, sans date. 1 p. pl. in-8.

102. ITALIENS écrivant à M. Duchesne aîné, et à divers.

Barbieri. 1851. — Cagnoli. 1792. — Cajetan Monti. 1769. — Cicognara (le comte F. L.). 1819. — Du Fourny (Léon). 1789. — Gasparini (P.). 1662. — Gori (copie d'une lettre de M. Ant. Fr. Gori à M. Mariette, en italien). 1733. — Irombetta (P.), 2 lett. 1794. — Malaspina de Sannazaro (le marquis). 1826. — Marini (le cardinal M.). 1817. — Morgani. 1818. — Marvuglia. (Alex.-Emmanuel). 2 lett. 1797. — Marouglia. 1797. — Poggiali. 1827. — Vaccari (Gaspard). 1798. — Zanutti (Antonio-Maria). Copie. 1726. — Zurla (le cardinal), à M. Jules Klaproth. Rome, 2 nov. 1823. — Dix-sept lett. aut. sig. et deux copies. Ensemble, 3 p. in-4.

103. JACQUOTOT (Mme Marie-Victoire), premier peintre du roi sur porcelaine.   Née à Paris en 1778.

Quatre lett. aut. sig., à M. Duchesne aîné. Paris, 1834. 4 p. in-8.
Deux de ces lettres sont relatives à une peinture qu'elle doit commencer....
« Ensemble d'après la belle et charmante enfant de madame votre fille.... »

104. JAIME, dessinateur, lithographe.

Billet aut. sig. (au crayon), à M. Duchesne. Paris, 1835. 1/2 p. in-8. Au bas se trouve la vue (également au crayon) du pont des Arts et de l'Institut, prise de la berge du quai Malaquais, pour servir à la désignation de l'emplacement de la tour de Nesle.

105. JARRY (Nicolas), l'un des plus habiles calligraphes du XVIIe siècle, noteur de la musique du roi.   Né à Paris.

Noms des principaux lieux du parc de Marly. Manuscrit d'une très-belle écriture sur parchemin. 2 p. et 1/2 in-4, à deux colonnes séparées par une raie rouge.

106. JARRY. *Le même.*

Livre de prières, écrit par Jarry. 1646, in-18, maroquin rouge, doublé de maroquin rouge, avec dorures et ornements intérieurs, dans un étui. Charmant volume.

Manuscrit de 24 feuillets, bien exécuté, avec encadrements et lettres ornées. — On lit sur le premier feuillet de garde : « Ce petit manuscrit a été écrit par Jarry, « dont la signature se trouve au bas de la page 16. C'était le livre de prières de « Louis XIV, alors âgé de 12 ans (8 ans). Ce prince en fit par suite cadeau à son « maître d'écriture, qui le donna à son gendre, M. de Florimond. Mademoiselle sa « fille le donna, en 1770, à Antoine Duchesne. »

107. JOLY (Hugues-Adrien), secrétaire des académies de sculpture, peinture et architecture, et garde du cabinet des estampes et pierres gravées de la Bibliothèque du roi.   Né à Paris en 1718. Mort en 1799.

1° L. aut. sig., à M... Paris, 9 oct. 1752. 1 gr. p. pl. in-4.
2° Notes avec des corrections, aut. sur différents portraits et sur différents peintres, et sur les personnages qui figurent dans le tableau de l'*École d'Athènes*. 5 p. in-4.
3° Deux apostilles aut. sig., et une signée de l'abbé Bignon, au bas d'un mémoire pour une proposition d'échange pour la Bibliothè-

que royale, de l'*Architecture* de Paladio..... Paris, 17 février 1760.
2 p. in-fol.

JOLY, fils du précédent, conservateur du cabinet des estampes à la Bibliothèque royale. L. aut. sig., à M. Duchesne aîné. Saint-Germain en Laye, 25 mai 1826. 1 p. pl. in-4.

Il le remercie de l'envoi qu'il lui a fait de son ouvrage sur les nielles.

108. **JUSSIEU** (Bernard de), célèbre botaniste, membre de l'Académie des Sciences.   N. 1699. M. 1777.

L. aut. sig., à M. Duchesne, prévôt des bâtiments du roi, à Versailles. Paris, 23 août 1765. 1 p. in-4. Cachet.

Au sujet du voyage qu'il projetait de faire à Versailles avec sa sœur.

109. **LACAILLE** (l'abbé de), astronome.

L. aut. sig., à M. Bouvet, gouverneur des îles de France et de Bourbon, à Port-Louis de l'Ile-de-France. Au port du S. E., ce 27 juillet 1753. 1 p. in-4. Cachet.

Au sujet des opérations et observations astronomiques, etc., qu'il est chargé de faire de diverses parties de l'île.

110. **LAGRENÉE** (Jean-Jacques), peintre d'histoire.

1º L. aut. sig. (à la 3º personne), à M. Duchesne aîné. 1 p. in-18.
2º L. aut. sig., au même. 11 juin 1846. 1 p. in-8.
LAGRENÉE (C.). L. aut. sig., au même. 1846. 2 p. **in-8.**

111. **LAMENNAIS** (l'abbé F. *Robert* de).   N. 1781. M. 1854.

L. aut. sig., à M. le marquis de Châteaugiron. Paris, 2 juin. 1 p. in-8.

112. **LAMOIGNON** (Guillaume de), marquis de Basville, premier président au parlement.   N. 1617. M. 1677.

L. aut. sig., à M.... Basville, 27 oct. 1663. 1 p. pl. in-4.

Relative à l'observation rigoureuse des nouveaux règlements que l'on a faits pour les prisons, etc.

JEANNIN DE CASTILLE. L. aut. sig., à M.... Paris, 6 août 1662. 2 p. in-4.
SALIGNY (de). Trois lett. aut. sig., à M. Duchesne (le botaniste). Pondichéry, 1771 à 1785. 8 p. in-4. et 4 p. in-fol. Intéressantes.
SALIGNY (de). L. aut. sig., à M. Duchesne. Versailles, 1772. 2 p. in-4.
MOURRET. L. aut. sig., au même. 1773. 1 p. in-8. — DE SAINT. L. aut. sig., à M. Duchesne. Paris, 1770. 1 p. in-4. —SUR LA FÉCONDATION D'UN FRAISIER FEMELLE DU CHILI EN 1765. Chanson manuscrite. 1 p. **in-8.**

113. **LANGLOIS** (E. Hyacinthe), peintre, dessinateur, graveur et antiquaire.   Né au Pont-de-l'Arche en 1777.

Trois lett. aut. sig., à M. Duchesne aîné. Rouen, 1823 à 1834. Ensemble, 6 p. in-4. Intéressantes.

113 *bis.* **LA PORTE**, intendant de la liste civile de Louis XVI.

L. sig., à MM. les huissiers du cabinet du roi. Paris, 16 mars 1792. 1 p. in-fol.

Il les prévient que le roi a accordé les entrées de sa chambre aux deux officiers généraux commandants et aux deux généraux de sa garde. *Ce sont MM. de Pont-l'abbé et d'Hervilly, d'Atilly et de Guibert.*

114. **LA PORTE DU THEIL**, sav. hellén. N. 1742. M. 1815.

L. aut. sig., à M. le conservateur de la Bibliothèque nationale. Paris, 15 vendémiaire an v. 1 p. pl. in-4.

Devenu possesseur, il y a près de deux ans, de tous les papiers du citoyen de Bréquigny, qui les lui avait donnés en propre de son vivant, il a conservé avec le plus grand soin *la collection de pièces relatives à l'histoire de France qu'il avait fait copier en Angleterre, d'après les originaux renfermés dans la tour de Londres,* et en a fait hommage à la Bibliothèque nationale ; elles sont renfermées dans quarante-quatre cartons....

115. **LATOUCHE-TRÉVILLE**, vice-amiral. N. 1754. M. 1804.

L. aut. sig., à M. de Mongivault. A bord du vaisseau *le Duguay-Trouin*, le 5ᵉ complémentaire de l'an x. 1 p. in-4.

LATOUCHE-TRÉVILLE (Mme), femme du précédent. L. aut. sig., à M. Prolaveur. 16 oct. 1810. 3 p. in-8.

116. LAWRENCE (sir Thomas), célèbre peintre de portraits. Né à Bath en 1769.   Mort à Paris en 1830.

L. aut. sig. (en anglais), à M. Duchesne. Paris, 5 déc. 1825. 2 p. in-8.

117. LE CAT (Claude-Nicolas), célèbre médecin, auteur du *Traité des sens*, fondateur de l'Académie de Rouen. Né à Blérancourt en 1700.   Mort à Rouen en 1768.

L. aut. sig., à M. Wille, graveur du roi. Rouen, 7 mars 1756. 2 p. in-4. Cachet.

Il a reçu ses charmants ouvrages où il voit que ses rares talents ne font que croître et embellir, etc., etc.

118. LECLERC (Victor-Emmanuel), premier mari de Pauline Bonaparte, sœur de l'empereur Napoléon. N. 1772. Mort général en chef de l'armée de Saint-Domingue, en 1802.

L. aut. sig., au citoyen Montgiron. Saint-Domingue, 16 thermidor an x. 1 gr. p. in-fol. Tête imprimée.

.... L'argent est le nerf de la guerre et il est à sec....

119. LEMOT (François-Frédéric), statuaire. N. 1773. M. 1827.

L. aut. sig., à M. Dacier. Paris, 12 mai 1825. 2 gr. p. pl. in-4.

Sur le croquis qu'il a fait pour la médaille qui devait être frappée pour l'époque du sacre de Charles X.

RAMEY (E. H.), fils, statuaire. L. a. s., à M. Duchesne. 1813. 1 p. in-8.

120. LE TELLIER (Michel), garde des sceaux. N. 1603. M. 1685.

L. aut. sig., à M.... Metz, 2 sept. 1663, 1 p. pl. in-4. Affaires diverses concernant le service du roi.

DEUXIÈME VACATION.

Vendredi 31 août. — Nᵒˢ 121 à 252.

121. LINNÉ (Charles), naturaliste suédois. N. 1707. M. 1773.

L. latine aut. sig., à M. Antoine-Nicolas Duchesne, à Paris. Upsal, 23 décembre 1764. 2 p. in-4.

122. LINNÉ (Charles). *Le même.*

L. latine aut. sig., au même. 24 septembre 1765. 3 p. pl. et un quart in-4. Cachet.

123. LINNÉ (Charles). *Le même.*

L. latine aut. sig., au même. Upsal, 15 juill. 1767. 1 p. in-4. Cachet.

124. LINNE (Charles). *Le même.*

L. latine aut. sig., au même. Upsal, 13 sept. 1767. 1 p. pl. et un quart in-4. Cachet.

125. LINNÉ (Charles). *Le même.*

L. latine a. s., au même. Upsal, 26 fév. 1771. 2 p. pl. in-4. Cachet.

126. LINNÉ (Charles). *Le même.*

L. latine a. s., au même. Upsal, 17 mars 1773. 2 p. pl. in-4. Cachet.

127. LINNÉ (Charles). *Le même.*

L. latine aut. sig., au même, avec la suscription : A M. Jannel, intendant général des postes, service du roi, pour remettre à M. Richard, jardinier botaniste de Trianon, à Paris (pour M. Duchesne). Upsal, 1766. 2 gr. p. pl. in-4. Cachet.

128. LINNÉ (Charles). *Le même.*

1° Vingt-quatre lett. (minutes aut. des lettres de M. Antoine-Nicolas Duchesne à M. Linné, en réponse aux siennes), plus quelques notes d'envoi de plantes, graines, etc. Ensemble, 65 p. in-4.

2° L. latine aut. sig., écrite par Antoine-Laurent de Jussieu à M. Duchesne le fils, au nom de M. Linné. Versailles, 28 déc. 1770. 3 p. in-4. Cachet.

3° Quarante et un exempl. du fac-simile lithographié d'une lett. aut. sig. de Linné, écrite à M. Duchesne, datée d'Upsal, le 23 décembre 1764. 1 p. in-4.

129. LONGUEVILLE (Henri II d'Orléans, duc de) filleul de Henri IV, gouverneur de Picardie, puis de Normandie. Il conclut la paix de Munster en 1646. N. 1595. M. 1663.

L. a. s., à M...... Coulommiers, 4 janvier 1662. 2 p. in-4 en travers.

130. LOUIS XIV, roi de France. N. 1638. M. 1715.

Notes aut. 2 gr. p. in-fol. Derrière se trouve cette mention : *Réforme des manières de montrer les jardins de Marly pendant le chaud. 10 juin 1704. De la main du Roy.*

131. LOUIS XIV. *Le même.*

État des principaux lieux de la forest de Marly. Mss. de 9 gr. p. et un quart in-fol., d'une belle et grosse écriture, avec de nombreuses corrections de la main du roi sur 4 pages.

132. LOUIS XVI, roi de France. N. 1754. Décapité en 1793.

L. aut. sig., à M..... 20 février 1779. 1 p. petit in-4.

Il recevra volontiers M. Moreau son historiographe, qui demande à lui présenter un nouveau volume de ses discours sur l'histoire de France, et le sieur Lebas, graveur de son cabinet, qui poursuit la gravure de ses figures sur l'histoire de France....

133. LOUIS XVII, roi de France. N. 1785. M. 1795.

Devoir d'écriture aut. sig. : *ce 4 juillet* 1788. *Louis, dauphin.* Six lignes en gros moyen (*gouvernons nos penchans,* six fois répété), non compris la dernière, contenant la date et la signature. On lit de la main du professeur, entre les deux dernières lignes : *très-content.* 1 p. pl. in-4.

134. LOUIS XVIII, roi de France. N. 1755. M. 1824.

Billet de quatre lignes aut. Un quart de p. in-8.

Itinéraire de sa sortie de Paris, partant du pont Royal et rentrant par la Rapée.

135. MAI (le cardinal Angelo), savant philologue. N. 1782.

L. latine aut. sig., à M. le baron Mercan, conseiller d'État de l'Empereur de Russie, à Paris. Rome, mars 1820. 1 p. in-4.

136. MALESHERBES, défenseur de Louis XVI.

1° L. aut. sig., à M.... 17 janvier 1751. 1 p. in-4.

2° L. aut. sig., à M.... Malesherbes. 23 mars 1774. 1 p. in-4.

137. MARÉCHAUX DE FRANCE, *généraux*, etc.

Bernadotte. L. sig., an XI. — Berthier (Alex.). 2 lett. sig., an XIII et 1811. — Clarck, duc de Feltre. L. sig. 1812, — Marmont, duc de Raguse. L. sig. 1822. — Mouchy (Noailles, duc et maréchal de). L. aut. sig. 1787.—Oudinot, duc de Reggio. 2 lett. sig. 1813 et 1816. — Sérurier. L. sig. 1818. — Soult, duc de Dalmatie. 2 lett. sig. An IX et 1829. — Victor, duc de Bellune. 2 pièces sig. 1808. — Conseil des maréchaux de France. Pièce signée par six conseillers. 1721, avec cachet. — Mu-

RAT. Lett. sig. — CAULAINCOURT, duc de Vicence. — DEJEAN. — DELA-
CHASSE DE VÉRIGNY. — DÉSAUDRAY. Six pièces. — DESSOLLE. — ESTOUR-
MEL (d'). — GROBERT. — HAXO. — LA FAYETTE. L. aut. sig. de ses
initiales. — Trente pièces, ensemble 39 p. in-8, in-4 et in-fol.

138. MARGUERITE DE SAVOIE.

L. sig., *à mon fils de Luxembourg, duc de Pigney et pair de France.*
Lincy, xv mai 1587. 1 p. in-f. Déchirure par les souris, en tête de la
marge extérieure, touchant la fin des quatre premières lignes.

Elle s'est plainte au cardinal de Vaudémont des troubles et fâcheries que les cha-
noines et prêtres de ce lieu lui ont donnés depuis son partement. Ce porteur lui
fera entendre bien au long comme « toutes choses sont passées, m'assureant que
« serez bien esbahj de la vilennie de ces meschantes gens.... »

MADELEINE DE SAVOIE. L. avec la souscription d'une ligne aut. sig.,
à M. le duc de Luynes. Chantilly, 1er mai 1582. 1 p. in-4. Intéressante.

139. MARIETTE (Pierre-Jean), célèb. amat. d'estampes, dess.,
etc., memb. de l'Acad. de peinture. N. 1694. M. 1774.

L. aut. sig., à M.... Paris, 17 mars 1761. 3 gr. p. pl. in-4.

Il lui fait passer par M. Wille, leur ami commun, toutes les estampes de Rembrandt, au nombre de 59 qu'il avait en double.... S'il n'y en a pas davantage, il ne
doit l'imputer qu'à la disette et non au défaut de zèle. « Vous n'ignorez pas combien
« l'empressement que les curieux y ont mis depuis un certain nombre d'années a
« rendu ces échanges plus difficiles à trouver que jamais. Elles sont devenues
« très-rares en Hollande, jugez de ce qu'elles sont ici.... » Il prend la liberté de lui
envoyer une liste des pièces qui lui manquent. « Je l'ai prise sur celle que l'on m'a
« envoyée de Dresde, et qu'a fourni votre œuvre dont le roi votre maître est posses-
« seur. Tâchez de me les procurer, ou du moins une partie.... Je puis me vanter
« d'avoir un recueil précieux de dessins et une collection d'estampes des plus com-
« plettes, mais il manquera toujours quelque chose à l'une et à l'autre tant que je
« n'aurai point le recueil entier de vos gravures et que je ne pourrai point montrer
« de vos dessins. Je ne serais pas moins curieux d'avoir un tableau de votre main
« qui fût un paysage où vous feriez entrer quelques bestiaux et où il y eût une chute
« d'eau..., etc., etc. »

140. MARIGNY (Abel-François *Poisson*, marquis de), surin-
tendant des bâtiments du roi, frère de la marquise de
Pompadour. N. 1727. M. 1781.

1° L. aut. sig., à M. Duchesne, prévôt des bâtiments du roi. Compiègne, 6 juillet 1764. 1 p. pl. in-4.

2° L. sig., au même. Compiègne, 23 août 1769. 1 p. in-fol.

Sa Majesté ayant bien voulu donner à son Académie royale de peinture et de
sculpture, le privilége de toutes les petites boutiques et étalages établis ou à établir
le long des galeries du Louvre, il notifiera à tous ceux qui ont de pareils établisse-
ments, qu'il révoque les permissions qu'il a accordées, et qu'ils les tiendront doré-
navant de l'Académie de peinture....

3° Ordre sig., au même, de se transporter incessamment à la ma-
nufacture royale des Gobelins; il ordonnera d'arrêter le nommé
Quentin Jocquemor, ouvrier de basse lisse.... qu'ils conduiront dans
les prisons du fort l'Evêque où il sera écroué par ledit sieur Duchesne
et détenu par correction jusqu'à nouvel ordre.....

POISSON, père de Mme la marquise de Pompadour et du précédent.
L. sig., au même. Marigny, 12 janvier 1751. Demi-p. in-4.

141. MICHELET, historien.

Cinq lett. aut. sig., à M. Duchesne aîné. Paris, 1837-38. 5 p. in-8.

142. MINISTRES, *hommes d'État*, etc., avant et depuis 1789,
écrivant à M. Duchesne, et autres.

ANGIVILLIERS (d'). 2 lett. 1776. — ANGLÈS (le comte). 1818. — ANTIN
(le duc .d'). 4 lett. 1730 à 1736. — ARGENSON (d'). 2 lett. 1746. —
AUGUIÉ. An IX. — BARANTE. 1815. — BENEZECH. An V. — BENOIST. —
BERGERET. 1725. — BERNAGE (de). 1752. — BIGNON (Roland-Armand).
1715. — BONDY (le comte de). 1832. — BOUTIN. 1783. — CAMBACÉRÈS.

An III. — CAPELLE (le baron). 1821. — CARNOT. 2 lett. an VIII. — CASTELBAJAC. 1825. — CHABROL. — CHAMILLART. 1705. — CHAMPAGNY. 2 lett. 1813.—CHAPTAL. 2 lett.—CHAUVELIN. 1772.—CHOISEUL. 1815. COCHON DE LAPPARENT. An V. — CORBIÈRE. 3 lett. 1824 à 1834. — Trente-quatre lett. sig. et aut. sig. Ensemble, 42 p. in-4 et in-fol.

143. MINISTRES, *idem*.

CRETET. 1808. — DARU. 1811. — DELACROIX. An X. — DELESSERT (Gabriel). 1844. — DESÈZE (le comte) 1826. — DESMARETZ. 1711. — DOUDEAUVILLE (le duc de). 1823. — DROUYN DE LHUYS. 1848. — FONTANES, 2 lett. 1810 et 1811. — FOUCQUET (Nicolas). 1661. — FOURCROY. 3 lett. 1808. — FRANCHET DESPERUS. 1827. — GARAT. An II. — GILLET. 1808. — HAUSSMAN (L.). 1834. — JOLY DE FLEURY. 2 lett. 1748. — LACÉPÈDE. 5 lett. An XII à 1811. — LA FERTÉ (le baron de). 1824. — LAPORTE. 1792. — LATOUR-MAUBOURG. 1821. — LA VALETTE (le comte de), directeur général des postes. 1812. — LEBRUN, duc de Plaisance. 2 lett. 1812. — LETOURNEUR. An VI. — MACHAULT. 1785. — MAUREPAS. 1737. —Trente-trois lett. aut., ensemble, 37 p. in-8, in-4 et in-fol.

144. MINISTRES, *idem*.

MONTALIVET. 4 lett. 1806-1811. — MONTBEL (le comte de). 1829. — MONTCHENU (le vicomte de). 1814. — MOUNIER. 1820. — ORMESSON (le président d'), bibliothécaire du roi. 1790. Intéressante. — ORRY. 2 lett. 1738-1739. — PARÉ. An II. — PARIEU. 1850. — PETIET. An IV. — PEYRONNET (le comte de). 1827. — PLÉVILLE LEPELEY. An VI. — PORTAL (le baron). 1817. — PORTALIS. 2 lett. 1811-1828. — PUYSIEULX. 3 lett., à M. du Perron de Castéra. Versailles. 1750. Intéressantes. — QUINETTE. An VII. — REGNAUD DE SAINT-JEAN D'ANGÉLY. 1813. — ROLAND DE LA PLATIÈRE. An Ier. — SAINT-CRICQ. 1813. — SALVANDY. 3 lett. 1839-1847.—SCHÉRER. An VI.—SÉNONNES (le vicomte de). 1823. — SIEYÈS. An IX. — Siméon (le vicomte). 1828. — SUSSY (le comte de). 1812.—THIERS. (A.). Billet aut. sig. 1834.— VAUBLANC. 1815.—Trente-quatre lett. sig., ensemble, 42 p. in-8, in-4 et in-fol.

145. MOLIÈRE (Marie-Madeleine-Esprit Poquelin de).

Quittance sig. (sur parchemin), de la somme de soixante-sept livres dix sous, pour six mois de rentes constituées sur les aides et gabelles.... Paris, 19 mai 1704.

146. MOLLEVAUT (Charles-Louis), poëte, membre de l'Institut.

1° Fragment aut. de l'Énéide (en vers français), 9 p. pl. in-4.
2° L. a. s., à M.... sans date. 2 p. in-4. Au sujet de ce fragment.

147. MONTFERRAND (A. de), architecte de l'église d'Isaac, à Saint-Pétersbourg.

L. aut. sig., à M. Duchesne. Saint-Pétersbourg, 2/14 avril 1847. 2 p. in-4.

148. MONTUCLA (J. Étienne), mathématicien, membre de l'Institut de France. Né à Lyon en 1725. Mort en 1799.

1° L. aut. sig., à M. Duchesne, prévôt des bâtiments du roi. Versailles, 23 août 1782. 1 p. et demie in-4.
2° Trois billets aut., et aut. sig., au même. 1770 à 1776. in-18.
MONTUCLA (Mme Romand, veuve), femme du précédent. L. aut. sig., à M.... Versailles, 12 messidor an VIII. 1 p. pl. in-4.

149. NATOIRE (Charles), peintre, directeur de l'Académie de France à Rome. Né à Nîmes en 1700. Mort en 1778.

L. aut. sig., à M. Antoine Duchesne, prévôt des bâtiments du roi, pour remettre à M. son fils, à Paris. Rome, 17 octobre 1764. 3 p. in-4. Cachet.

Il a reçu avec grand plaisir le Manuel de botanique qu'il lui a envoyé ; c'est un fruit prématuré qui donne une idée avantageuse de l'auteur. Il doit être bien content qu'il ait été reçu agréablement de M. le marquis de Marigny, et qu'il en ait fait part à Sa Majesté.... « Nous attendons de pied ferme M. Duchesne le père « pour manger cette ancienne omelette parmy les débris des ruines du palais des « Empereurs ; — les œufs sont déjà cassés, et les mânes de ses anciens souverains « de l'univers voudroient être de la partie.... »

150. NATOIRE. *Le même.*

L. aut. sig., au même. Rome, 14 mars 1764. 2 p. pl. in-4. — Plus, la copie (de la main de M. Antoine Duchesne), d'une lettre du même à M. Macé, datée de Rome, le 28 mai 1752. 4 p. in-4.

Envoi de graines de choux-fleurs. — Sentiments affectueux. — Invitation à venir manger une omelette moderne, puisqu'il se ressouvient de leurs antiques.... « Nous les célébrerons parmy les ruines des palais des Empereurs, lieux que nous « choisissons par préférence à bien d'autres lorsque nous voulons dessiner quel- « ques belles vues, elles y sont en abondance, et nous espérons bien y aller bientôt « avec notre amateur distingué, M. Watelet, que nous possédons à Rome.... » — Disette du pain qui gagne de tous les côtés de Rome.... La cherté est sur toutes les denrées... « Nous vivons plus chèrement qu'à Paris ; Dieu veuille que les choses « aillent mieux par la suite.... »

151. NATOIRE. *Le même.*

Dix-huit lett. aut. sig. adressées à M. Antoine Duchesne, prévôt des bâtiments du roi, à Versailles, et datées de Paris, Arles et Rome, de 1751 à 1761, ensemble, 51 p. in-4, plusieurs avec cachet, plus les minutes aut. des réponses de M. Duchesne pour plusieurs lettres, et formant 7 p. in-4, avec une lett. aut. sig. de M. de Chennevières, conservateur du musée du Louvre, à M. Duchesne aîné, au sujet de cette correspondance de Natoire, en date du 22 avril 1752. 2 p. pl. in-8. Demi-rel. chagrin vert, in-4.

Curieuse correspondance sur son séjour à Rome, ses travaux, etc.

152. NATURALISTES, *médecins,* etc., écrivant à MM. Duchesne, et autres.

ALIBERT. — BELIN DE BALLU. 1788. — BIECHOZ. 1765. — BOSC. 1814. BROUSSONET (Pierre-Marie-Auguste). 7 lett. 1784 à 1791. — BRUGUIÈRE. 1789. — CARAULT (E.). 1825. — CHANDIEU. An VII. — CHAVASSIEU CLAUDEBERT. 1802. — CLOQUET (H.). 1816. — CUBIÈRES (de). — DEBRUN. An X. — Dix-huit lett. sig., aut., et aut. sig.

153. NATURALISTES, *médecins,* *idem.*

DE FRANCE. An XII. — DEJEAN (le comte). 1820. — DELAMARE. — DELEUSE. An XIV. — DÉSAUDREY. An IX. — DESCLOZEAUX. An VIII. — DESFONTAINES. — DUHAMEL-DUMONCEAU. — DUMÉRIL. — FRÉMY (F.). 1824. — FUSÉE AUBLET. 1758. — GAULTIER DE CLAUBRY. 1825. — GEOFFROY (Etienne-Louis). 1772. — GEOFFROY SAINT-HILAIRE. 2 lett. 1825. — GILLET DE LAUMONS. 1825. — GUILLIÉ. — HALLÉ. — JAUME-SAINT-HILAIRE. 2 lett. 1819. — Dix-huit lett. aut. sig., et deux lett. aut., ensemble, 30 p. in-8 et in-4.

154. NATURALISTES, *médecins,* *idem.*

JOMARD. 1838. — JULIA FONTANELLE. Note aut. sur les fruits du genévrier. — JUSSIEU (A. L. de). 4 lett. 1773-1788. — LACÉPÈDE. An XII. — LAMARCK. — LATREILLE. An XII. — LE BEZZIAYS. 17... — MIRBEL (B.). 2 lett. 1819. — MANCHE (J.). An. XI. — O'CONOR (le docteur). 1824. — PALISSOT DE BEAUVOIS. 1807. — PAREL. 1767. — PARISET (E.). 1826. — PETIT RADEL. 1813. — PLUMIER (le frère Charles), minime, botaniste. — RIGOLET D'OGNY. L. aut. sig. avec l'enveloppe aut. sig. 1772. — Vingt lett. sig., aut., et aut. sig., ensemble, 22 p. in-8 et in-4.

155. NATURALISTES, *médecins,* *idem.*

ROYER-COLLARD (Hippolyte). 1832. — SÉDILLOT. 1808. — SILVESTRE. 1820. — SONNINI. An x. — TENON. An VIII. — TESSIER. An XIII. — THOUIN.

5 lett. 1776, an XIII. — TONNELLIER. 2 lett. — VENTENAS. — VERGEZ. — VILMORIN. — Seize lett. sig., et a. s., ensemble, 20 p. in-8 et in-4.

156. NIVERNOIS (Louis-Jules *Mancini*, duc de), membre de l'Académie française.   N. 1716. M. 1798.

L. sig., à M. Duchesne, prévôt des bâtiments du roi, à Versailles. Paris, 5 août 1785. 2 p. in-4. Curieuse.

MORELLET (l'abbé). Fragment aut. sur le crédit public de la France et les moyens de l'augmenter. 4 p. in-4.

157. OPÉRA AUX TUILERIES (projet d'une salle d').

L. sig. de M. Bélanger, architecte, à M. Duchesne, prévôt des bâtiments du roi. Paris, 4 décembre 1781. 2 p. in-4.

.... Le désir que tout Paris semble avoir de faire de ce monument un embellissement pour la capitale, se trouve rempli par son projet. La salle est isolée. Elle communique d'un côté à une nouvelle place qu'il propose pour le Roi, en face des Tuileries ; de l'autre, elle débouche sur une grande rue, en face du Louvre, que le Gouvernement a arrêté d'isoler aussi. « La famille royale arriveroit à couvert au « spectacle, soit des écuries du Roi, soit de celles de la Reine, que je place où est « actuellement l'Académie royale de musique. L'hôtel de Longueville resteroit isolé « entre deux rues, ce qui faciliteroit la vente de ses terreins à un très-haut prix « et enfin le public arriveroit à couvert de l'Opéra aux Tuileries.... »

DESENNE, intendant des bâtiments du prince de Condé. Pièce aut. sig. Paris, 18 août 1740. 1 demi-p. in-4. Cachet du prince, à la cire noire.

158. ORLOFF (Grégoire *Wladimir*, comte), sénateur de Russie, littérateur.   N. 1777. M. 1826.

1° L. aut. sig., à M. Dacier. Paris, ce samedi... 1 p. in-8. Hommage de ses Mémoires sur le royaume de Naples.

2° L. aut. sig., au même. Paris, 15 février 1824. 1 p. in-4.

159. PAISIELLO (Jean), compositeur.   N. 1741. M. 1816.

L. aut. sig. (en italien), à M. Grégoire, secrétaire de la direction musicale de la chapelle impériale, au Conservatoire de musique, à Paris. Naples, 4 février 1811. 3 gr. p. pl. in-4. Cachet. Très-belle lettre.

160. PASSEPORT russe (imprimé et manuscrit, en russe), délivré à M. Duchesne, à Paris, le 6 avril 1814, dans les bureaux du général Sacken, gouverneur de Paris. 1 p. in-4. en travers, cachet à la cire rouge.

161. PEINTRES FRANÇAIS, écrivant à M. Duchesne aîné.

BLONDEL. 1839. — BERGERET. 1839. — CICERI. Certificat aut. sig. — COGNIET (Léon). 2 lett. 1839. — COUNIS (Salomon-Guillaume), peintre sur émail. — DAGUERRE. Billet d'entrée signé pour le diorama. 1837. — Six lettres aut. sig. et deux pièces sig. in-8 et in-4.

162. PEINTRES FRANÇAIS, *idem.*

DECAISNE. 2 lett. — DÉVÉRIA. — GARNERAY (L.). 2 lett. 1823-1824. — GARNERAY (Mme J.), femme du précédent. 1848. — GOSSE (N.). 3 lett. 1842. In-8 et in-4. — Neuf lettres aut. sig. in-8 et in-4.

163. PEINTRES FRANÇAIS, *idem.*

JACQUAND. — JACQUAND (Mme Claudine). — JADIN (G.). — JOHANNOT (Tony). 2 lett. — LAFITTE (Louis). L. aut. (minute de). — LANGLOIS (J. M.). 1827. — MÉRIMÉE. 1823. — Sept. lett. aut. sig. in-8 et in-4.

164. PEINTRES FRANÇAIS, *idem.*

MIGNERON (H.). 2 lett. 1829-1835. — MÉRIMÉE. — MONVOISIN (R. G.). 2 lett. sig. 1839. — PHILIPON (Ch.). 1837. — PICOT. 3 lett. 1839-1840. — REVOIL (P.). Lyon, 14 août.... — Huit lett. aut. sig. et deux lett. sig. in-8 et in-4.

165. PEINTRES FRANÇAIS, *id.*, à M. Duchesne, et à divers.

Robert-Lefèvre, à M. Joly. 1817. — Roqueplan (Camille), à M. Duchesne. 1831. — Séchan (C.), décorateur de l'Opéra. 2 lett, à M. Duchesne. 1845-1849. — Thévenin, à M. Duchesne. Florence, 4 mai.... — Targe, peintre du roi. Quitt. sig., sur parchemin. Paris, 16 janv. 1708. — Zani (Pierre), peintre italien. L. aut. sig. (en français), à M. Joly, conservateur du cabinet des estampes à la Bibliothèque nationale. Parme, 29 janvier 1802. 2 p. in-4. — Six lett. aut. sig. et une quitt. sig.

166. PENTHIÈVRE (Louis-Jean-Marie de Bourbon , duc de), fils du comte de Toulouse. N. 1752. M. 1793.

L. aut. sig., à M. Lenoir. Paris, 10 janvier 1787. 1 p. in-4.

Il le prie de vouloir bien permettre de laisser prendre au porteur de cette lettre *un tracé du plan de l'assemblée des notables de 1626 , qui se trouve à la bibliothèque du roi....*

167. PRUD'HOMME (L.), historien révolutionnaire.

L. aut. sig., à M. Delannoy, architecte. Paris, 23 août 1826. 1 p. in-8.

168. QUATREMÈRE DE QUINCY (Antoine-Chrysostome), écrivain sur les beaux-arts , etc. N. 1755.

Deux lett. aut. sig., et une lett. aut. sig. de ses initiales, à M. Duchesne, professeur d'histoire naturelle. Versailles, 1806. Ensemble, 1 p. in-4 et 7 gr. p. in-fol. Intéressantes.

Quatremère Disjonval (Denis-Bernard), frère du précédent, savant chimiste, physicien, etc. N. 1754. Deux lett. aut. sig., et une lett. aut. sig. de ses initiales, à M. Duchesne, professeur d'histoire naturelle. Versailles, 1806. Ensemble, 1 p. in-4 et 7 gr. p. in-fol. Intéressantes.

169. RESTAUT (Pierre), grammairien. N. 1694. M. 1764.

L. aut. sig., à M. Duchesne, prévôt des bâtiments du roi, à Versailles. Paris, 11 mai 1755. 2 p. in-4. Cachet. Écriture à rebours, qu'il faut lire le papier retourné.

Sur l'invitation qu'il lui a faite plusieurs fois de venir dîner en famille, et à laquelle il se rendra avec le plus vif empressement.

170. RESTAUT. *Le même.*

L. aut. sig., au même. Paris, 4 octobre 1755. 2 p. pl. in-4. Cachet. Écriture à rebours, qu'il faut lire le papier retourné.

Il l'entretient de la maladie de sa fille qui lui a donné de graves inquiétudes, et de diverses affaires particulières.

171. RESTAUT. *Le même.*

L. sig., au même. Paris, 22 juillet 1762. 2 p. in-8. Cachet.

172. RIDENGER , peintre allemand.

L. aut. sig. (en allemand), à M. George Will, graveur, à Paris. Augsbourg, 24 juin 1748. 3 gr. p. pl. in-4. Cachet.

Belle lettre relative à la gravure de tableaux, etc.

173. SAINT-AUBIN , dessinateur et graveur.

L. aut. sig. *Saint-Aubin, dessinateur et graveur de la Bibliothèque nationale*, au citoyen directeur de la Bibliothèque nationale. Paris, 18 thermidor an v. 1 gr. p. pl. in-4.

Au sujet du local qu'il occupe depuis quarante ans, et qui lui est redemandé.

174. SAVANTS, *archéologues* , *numismates* , etc. **Dix lettres.**

Laborde (Léon de). L. aut. sig., à M. Duchesne. 1839. 1 p. in-8.

Letronne. Deux lett. aut. sig., et 3 pièces aut. sig. 5 p. in-8.

Mionnet. L. aut. sig. 23 juin 1826. 1. p. in-8.

Raoul-Rochette. Deux lett. aut. sig. 1826. 2 p. in-8.

Sacy (Silvestre de). Trois lett. aut. et aut. sig. 3 p. in-8 et in-4.

Visconti (Ennius-Quirinius). L. aut. sig. 2. p. in-4.

175. SERGENT-MARCEAU, beau-frère du célèbre général Marceau, dessinateur et graveur.

1° L. aut. sig., à M. Joly, conservateur du cabinet des estampes de la Bibliothèque royale. Brescia, 15 octobre 1815. 1 p. in-4.

2° L. aut. sig., à M. Duchesne aîné. Nice, 1842. 1 p. pl. in-4.

176. **SICARD** (l'abbé Roch-Ambroise), célèbre instituteur des sourds et muets, savant grammairien, membre de l'Institut. N. 1742. M. 1822.

Neuf lett. aut. sig., à M. Duchesne, censeur des études du lycée de Versailles, et autres. Paris, an xii à 1818. Ensemble, 13 p. in-8 et in-4. Intéressantes.

177. **SOUFFLOT** (Jacques-Germain), architecte de l'église Sainte-Geneviève (Panthéon). N. 1714. M. 1781.

1° L. sig., à M. Duchesne, prévôt des bâtiments du roi. Paris, 22 janvier 1761. 1 p. in-4.

2° Billet aut. sig. (à la 3ᵉ personne), au même. Paris, 4 février.... 1. p. in-8. Cachet. Ajournement d'un rendez-vous.

178. **TALLEYRAND-PÉRIGORD** (Charles-Maurice, prince de), ancien évêque d'Autun, célèbre diplomate, ministre des affaires étrangères. N. 1754. M. 1838.

1° L. sig., aux citoyens conservateurs administrateurs de la Bibliothèque nationale. Paris, 13 frim. an vi. 1 p. in-fol.

2° L. aut. sig., à M. Dacier. 5 mai 1829. 1 p. in-4.

Il lui recommande M. Raulin pour succéder à M. Méon.

179. **TOURNEFORT** (J. *Pitton de*), botan., né à Aix, en Provence, memb. de l'Acad. des sciences. N. 1656. M. 1708.

Billet aut. sig. Sans date. 1 p. in-8.

Envoi d'une belle thèse de M. Audran et d'un exemplaire du catalogue du jardin de Montpellier.

PARMENTIER, importateur en France de la pomme de terre. L. aut. sig., à M. Parès. 13 février 1806. 1 p. in-4.

RICHARD, naturaliste. 1° L. aut., à M. Duchesne. 1 p. in-4. — 2° L. aut. sig., au même. Rodez, 1817. 3 p. in-4.

MÉMOIRE sur un manuscrit du père Plumier intitulé : *Synopsis Botanica plantarum jam cognitarum tam genera quam species complectens*, ann. 1703. 4 gr. p. pl. demi in-fol.

180. **TYPOGRAPHES**, *libraires, bibliothécaires, bibliographes*, écrivant à MM. Duchesne, Joly, Dacier, Van Praët, etc. 44 lettres, dont 39 aut. sig., et 5 signées. Ensemble, 59 p. in-8. et in-4.

BARBIER. 1813. — BEUCHOT. 2 lett. 1840. — CAMUS. An v. — CAPPERONNIER. 1820. — CRAPELET (G. A.). 6 lett. — DACIER. 1825. — DE BURE frères. 1822. — DE MANNE. 1812. — DIBDIN. 1844. — DIDOT. — DIDOT (P. Fr.) le jeune. 2 lett. 1770-1771. — Didot, 2 lett. —Didot (P.), l'aîné. 1819. — DUBOY - LAVERNE. An iv. — DU MÉRIL. 1843. — FLAMENT (C.). 4 lett. aut. sig., à M. Duchesne. La Haye. 1813-1820. Ensemble, 9 p. pl. in-4. Intéressantes. — LA VALLIÈRE (le duc de). 2 lett. 1754-1775. — MARCEL. 1813. — NAUDET. 2 lett. 1842. — PANCKOUKE (C. L. F.). 3 lett. 1813-1843. — PICHARD. 3 lett. Lyon. 1834-1835. — PIERRES. An x. — RENOUARD (Ant.-Aug.). — ROLLE. 1813. — TILLIARD, frères. 1826. —VALÉRY. 1824. — VAN PRAET. 1824.

181. **VERNET** (Horace), peintre d'histoire. N. 1789.

L. aut. sig., à M. Duchesne. Paris, 13 juillet 1827. 1 p. in-8. Plus, une signature découpée.

Il le prie d'avoir la complaisance de laisser voir à M. Le Roux le premier projet de l'église de Saint-Pierre de Rome; il a un grand besoin de donner le coup de grâce à son tableau.

182. VILLENAVE (Mathieu-Guillaume-Thérèse), littérateur, rédacteur des *Annales*, l'un des auteurs de la *Biographie universelle*.   N. 1762. M. 1846.

L. aut. sig., à M. Duchesne aîné. Paris, 8 juillet 1828. 1 p. 1/2 in-8.
D'après le relevé qu'il a fait des treize premières livraisons de l'*Isographie*, sur 296 pièces qu'elles contiennent, il y en a dans sa collection 185, c'est-à-dire à peu près la moitié....

183. WALPOLE (Horace, comte d'*Orford*), membre du parlement d'Angleterre.   Mort en 1787.

L. aut. sig. (en anglais, écrite à la 3ᵉ personne), à M. Tilson. 21 novembre.... 1 p. in-4.
Il y est question de ses *Anecdotes relatives à la peinture*, de M. Duchesne, etc.

184. WELLESLEY (sir Henri), diplomate anglais.   N. 1773.

Quatre lett. aut. sig. (en français), à M. Duchesne aîné, plus, une lett. aut. 1826. Ensemble, 10 p. in-8 et in-4.

185. WORONZOW (le général, comte de), commandant des troupes russes de l'occupation en France.

L. aut. sig., à M. Klaproth. Paris, dimanche 20 janvier. 1 p. pl. in-8.
Regrets de ne l'avoir point trouvé chez lui ; invitation à dîner.

186. ZIEGLER (J.), peintre d'histoire.

1ᵉ L. aut. sig., à M. Duchesne. Paris, 29 août 1834. 1 p. in-8.
2° L. aut. sig., au même. Paris, 24 mars 1853. 1 p. in-8.

187. ASSASSINAT DE HENRI III PAR JACQUES CLÉMENT.

Copie des pièces originales et authentiques relatives à l'assassinat de Henri III par Jacques Clément, information et déposition des témoins, devant M. François du Plessis, le 1ᵉʳ août 1589, etc. Ensemble, 15 p. in-fol.

188. BATIMENTS DU ROI.

1° Noms de MM. les surintendants des bâtiments du Roy, tirés des comptes des trésoriers des dicts bastiments des années cy après déclarées (1530 à 1783). 10 gr. p. in-fol. — Plus, deux pièces in-4 et in-fol.

2° Compilation générale, concernant les bâtiments du Roi, dans laquelle se trouvent les intendants, ordonnateurs, surintendants et directeurs desdits bâtiments ; comme aussi les capitaines-concierges des châteaux royaux qui ont eu l'intendance, ou la surintendance desdits châteaux : il y a aussi quelque chose sur les bâtiments appartenant à des enfants de France, comme le Palais-Royal à Paris. etc. Manuscrit d'une très-jolie écriture, 48 p. in-4.

3° Inventaire des cartes et plans de châteaux, forêts, bois, terres, etc., du roi, fait chez feu Nicolas Matis, arpenteur-géographe des bâtiments du Roi, par Antoine Duchesne, prévôt des bâtiments du roi, etc. 1766. 61 pages grand in-fol.

189. BIBLIOTHÈQUE *impériale de France*, etc.

1° Notices sur la bibliothèque impériale de France et les autres bibliothèques de Paris; 1810. Exemplaire (in-18) découpé, collé (à mi-marge), sur papier in-fol. et remplies de corrections et d'augmentations considérables manuscrites pour une nouvelle édition. 230 p. in-4.

2° Liste des maîtres de la librairie, ou bibliothécaires du roi ; et des gardes de ladite bibliothèque (depuis Charles V). Manuscrit de 6 p. in-f.

3° Notes mss. de M. Barbier et de divers sur diverses bibliothèques publiques. 17 p. in-8 et in-4.

190. CABINET DES ESTAMPES DE LA BIBLIOTHÈQUE IMPÉRIALE (acquisitions, échanges, reliures pour le).

4° Bordereau (détaillé) des adjudications faites au sieur Joly, garde du cabinet des estampes de la Bibliothèque du Roi, pour le compte de Sa Majesté, à la vente des livres de feu M. le duc de La Vallière (dont le recueil de fleurs et d'insectes, peints sur vélin par Daniel Rabel en 1624, in-fol. Maroquin rouge, au prix de 7400 fr.). Aut. et sig. par M. Joly. 1784. 4 p. gr. in-fol.

2° Objets acquis à la vente de la bibliothèque de M. le duc de La Vallière pour le cabinet des estampes du Roi.... Acquisition des œuvres de Rembrandt (collection du sieur Péters), composée de 728 pièces.... 4 p. in-fol.

3° Bordereau des six articles acquis à la vente des livres de feu M. de Billy, pour le cabinet des estampes de la Bibliothèque du Roi... 1784. 2 p. in-fol.

4° Mémoire de quelques articles acquis pour le service du cabinet des estampes de la Bibliothèque du Roi, partie de la vente du cabinet de feu M. Bergerie, receveur général des finances, et partie du sieur Michel, graveur de Basle. 1784. Manuscrit. 2 p. in-fol.

5° Notices des travaux, acquisitions, échanges, augmentations dans les différentes matières et reliures faites par le cabinet des estampes et planches gravées de la Bibliothèque impériale depuis l'an III jusqu'à l'an XIII. 22 p. à mi-marge in-4.

6° Notes des travaux, acquisitions, échanges et reliures faites pour le cabinet des estampes de la Bibliothèque impériale depuis l'an III. 30 pages à mi-marge, in-4.

7° Œuvres à relier pour le cabinet des estampes de la Bibliothèque du Roi. 2 p. in-4.

191. CABINET DE M. MARIETTE.

Description manuscrite de la collection de portraits au nombre de 180, provenant de la vente du cabinet de feu M. Mariette, en 1776.... 41 gr. p. in-fol.

192. CALLIGRAPHES CÉLÈBRES.

Gallement, élève de Rossignol, maître d'écriture du prince de Lamballe. 22 pièces gr. in-fol. sur parchemin, d'écritures très-diverses, exécutées pour M. Duchesne, prévôt des bâtiments du roi, M. Martin, etc. de 1744 à 1762. Conservation parfaite.

Rouchon, maître d'écriture. Une pièce sur parchemin. in-fol.

Desale, maître d'écrit. Une pièce sur parch. et 3 sur papier, in-fol.

193. CATALOGUE RAISONNÉ DES ESTAMPES DU CABINET DE M. LALLEMANT DE BETZ.

Catalogue dressé pendant l'année 1759, avec le nombre des estampes et les prix d'estimation. 30 p. gr. in-fol.

194. CHANSONS *chronologiques et historiques sur la France.*

Manuscrit d'une bonne écriture du XVIIIe siècle, avec une table des airs, etc. 500 pages environ, in-8.

195. CHANSONS *et poésies diverses.*

Trois dossiers contenant plus de mille pages d'écritures diverses du XVIIIe siècle, in-8 et in-4.

196. CHAPELLE DU CHATEAU DE VERSAILLES.

Estat général a quoy monteront tous les ouvrages de la chapelle, sallons et sacristie du château de Versailles, depuis l'année 1689, jusques à l'année 1710, que la ditte chapelle doit estre acheuée. Manuscrit d'une belle écriture. 37 p. gr. in-fol.

Il résulte de cet état, que la chapelle du château de Versailles aura dû coûter, entièrement terminée et ornée, 2 217 998 fr. 50 c.

197. CHASSE SAINTE-GENEVIEVE DE PARIS (descentes et processions de la), depuis 1574 jusqu'en 1709.

Documents manuscrits et imprimés ; arrêts du Parlement ; mandements des archevêques de Paris ; ordre et cérémonies, qui se doivent observer tant en la descente de la châsse de Sainte-Geneviève, patrone de Paris, qu'en la procession d'icelle, explication du tableau présenté à la sainte Vierge, remarques des temps auxquels la châsse de Sainte-Geneviève a été descendue, et portée en procession depuis 1206, jusqu'en 1709 ; la Remontrance présentée aux échevins et bourgeois de la ville de Paris sur la descente de la châsse.... pour la paix générale ; Advis aux Parisiens....; Antiquités et remarques de la châsse....; hymne de sainte Geneviève, patrone de Paris ; statuts et règlements de la compagnie des porteurs de la châsse de sainte Geneviève ; explication du tableau (peint par Largillière) présenté à l'église de Sainte-Geneviève, par MM. les prévôts des marchands et échevins de la ville de Paris, à l'occasion de la famine, de la sécheresse et des maladies qui, en 1694, causaient une désolation universelle ; stances sur la descente de la châsse de sainte Geneviève ; ordre de la marche de la procession qui se fera des pauvres des petites maisons, et ceux des paroisses de la ville et faubourgs de Paris, etc., etc., etc. Ensemble, 52 pièces in-18, in-4 et in-fol. Très-curieux et très-important dossier.

198. COMMENTAIRE EN LANGUE ARABE sur un traité de jurisprudence et de droit canonique, également en arabe. Le traité est intitulé.... *Illumination des yeux ;* et le commentaire porte le titre... *La Perle choisie, servant de commentaire à l'Illumination des yeux.*

L'auteur du commentaire paraît être le schelik Alislan Mohammed Ala-Eddin, fils de l'iman de la grande mosquée de Damas. Du reste, la première page du volume, laquelle nous fournit ces détails, semble être d'une autre main que le corps de l'ouvrage, et à moins de trouver un exemplaire en meilleur état, il serait téméraire de rien affirmer sur le titre du livre et le nom de l'auteur. Une seule chose est certaine ; c'est que le corps de l'ouvrage roule sur des questions de jurisprudence et de droit canonique, d'après le rite hanéfite (toute la description qui précède est aut. sig. de M. Reinaud, membre de l'Institut de France, 1 p. pl. in-8). — On lit sur le verso du dernier feuillet : *Frédéric Legrand Saint-Romain, officier aux spahis de Bone, à son cher oncle, Jean Duchesne aîné, souvenir d'Afrique,* 1839. — 538 p. in-4, belle écriture noire et rouge, sur beau et fort papier oriental (quelques mouillures). Relié en un volume.

199. CONFECTION DU LOUVRE.
Arrest du Conseil d'Estat du Roy, concernant la confection du Louvre. Du 26 décembre 1758. Imprim. de Collombat, 1760. 8 p. in-4.
Note manuscrite au sujet de l'achèvement de la colonnade du Louvre. 2 p. in-fol.

200. ENTRÉES CHEZ LE ROI, *chez les frères du Roi, Ordre de Saint-Louis,* etc. Manuscrits.
1° Consigne des portes du cabinet du Roi. 1770. 1 p. 1/2 in-4.
2° Consigne pour les dames présentées au Roi. Pièce sig. par le duc de Richelieu, fils du maréchal. 1789. 1 p. in-fol.
3° Consigne pour le passage du cabinet du conseil pendant la messe, pour se rendre chez la reine. Paris, 15 novembre 1790. Signée : *Alexandre d'Aumont, cy-devant duc de Villequier.*
4° État des entrées accordées par le Roi au service de Mme la comtesse d'Artois, le 31 décembre 1773. Avec des notes marginales, et 2 lig. aut. du maréchal de Richelieu. 1 p. in-fol.
5° Notes des entrées accordées par le Roi au service de Mgr et de Mme la comtesse de Provence, et de celles à donner au service de Mgr et de Mme la comtesse d'Artois. 3 p. in-fol.

6° Révérences de deuil à l'occasion de la mort de Mme Henriette de France, morte à Versailles le 10 février 1752. 3 p. 1/2 in-fol.

7° Langes bénits pour Mgr le duc de Bourgogne, présentés au Roi le 19 juin 1763, par M. de Branciforté, nonce extraordinaire du pape. 19 juin 1753. 1 p. pl. in-4.

8° Maison de Mgr le comte de Provence. — Maison de Mgr le comte d'Artois. 3 p. in-fol.

9° Ordre de Saint-Louis (membres de l'). 25 août 1779. 5 p. in-fol.

10° État des membres de l'ordre de Saint-Louis. 1782. 7 p. in-fol.

11° État des membres de l'Ordre de Saint-Louis. 1783. 5 p. in-fol.

201. ESTAMPES *de la bibliothèque de M. de Fontanieu.*

Manuscrit d'une très-belle écriture. 20 p. in-fol.

202. ETIQUETTE A LA COUR DE FRANCE. Onze pièces.

Naissance de Mgr le duc de Bourgogne. 1751. 5 pages. — Entrées chez le Roi, la Reine, M. le Dauphin et les princes. 1766. 19 p. — Entrée familière ; la Reine étant dans son lit, chez Mgr le Dauphin, chez Mgr le duc de Berry et les princes. 10 p. — Entrée du duc de Bouillon.... 4 p. — Consigne de la porte de glace. 1773. 1 p. — Réception des grands-croix et commandeurs de l'ordre de Saint-Louis, le 25 août 1779. 1 p. — Liste des parlements suivant l'ordre dans lequel ils seront appelés chez le Roi.... 1787. 3 p. — Liste des officiers de la chambre du Roi que l'huissier du cabinet pourra laisser passer pour se placer dans la salle d'assemblée. Ouverture des états généraux; consigne. 5 mai 1789. 2 p. Ces deux pages sont toutes deux sig. par le duc de Richelieu, fils du maréchal. — Consigne des portes du cabinet du Roi pour le jour du mariage de Mgr le comte de Provence. 2 p. 1/2, signé par le duc de Duras. — Consigne de la porte du salon de l'Œil-de-Bœuf dans la galerie. 2 p. — Ensemble, 49 pages manuscrites in-4.

203. FAC-SIMILE DIVERS, CALQUES, etc.

Fac-simile de lettres aut., de livres imprimés ou manuscrits, calques, etc. 25 pièces, dont quelques-unes en plusieurs exemplaires. In-8, in-4 et in-fol.

204. GRAVEURS CELEBRES (catalogues de).

Notes des estampes à décrire dans le musée Robillard. — Catalogue de l'œuvre de Rembrandt, — de Leclerc. — Vicus Æneas. — Georges Ghist. — Albert Durer. — Marc-Antoine Remondi. — Pierre Molyn, etc., etc. — Notice sur Prud'hon et plusieurs autres peintres, etc. 1000 p. environ manuscrites, gr. in-8.

205. GRAVURE AU BURIN, *sur cuivre*, etc.

1° Recherches sur l'invention de la gravure au burin, nielles, etc, Manuscrit (incomplet du commencement). 48 p. in-fol., d'une écriture fine et serrée.

2° Recherches (analyse des) sur l'origine de la gravure sur cuivre, par M. W. Y. Otteley. Londres, 1816. Manuscrit, 10 p. in-fol.

3° Explication d'une estampe intitulée : *la Course europénne*. Mss. 4 gr. p. pl. 1/2 in-fol.

4° État des gravures envoyées par M. de La Ferté à M. Joly, pour satisfaire à la demande de M. Lenoir, bibliothécaire de Sa Majesté. Mss. 4 p. in-fol.

5° Note manuscrite au sujet de trente-trois dessins coloriés, de peintures antiques trouvées à Rome, faits par le célèbre *Pietre Sancte Bartoli*, et données par M. le comte de Caylus (étant malade), au cabinet des estampes de la Bibliothèque du Roi. 1/2 p. in-fol.

6° Déjeuner en chocolat, donné et servi par Mme de Tencin. Tableau peint par Jacques d'Austreau en 1710 (description manuscrite de ce tableau). 2 p. in-4.

7° Table (manuscrite) des matières du parallèle de l'architecture ancienne et moderne, par Durand. 19 gr. p. in-fol.

206. HISTOIRE DE SON EMINENCE MONSEIGNEUR LE CARDINAL DUBOIS, premier et principal ministre d'Etat, archevêque de Cambrai, etc.

On lit au bas du titre qui précède, de la main de M. Duchesne aîné : « Cette histoire écrite par un monsieur Houssaye de La Pegeau, se- « crétaire intime du cardinal, est remplie de citations latines qui font « voir que l'auteur avait quelques prétentions au bel esprit, et il s'y « trouve des quolibets qui montrent son mauvais goût. On y voit aussi « régner une âcreté qui fait voir que l'auteur a voulu se venger du « cardinal, » et à la fin deux signatures attestant que ce manuscrit a été inventorié au procès-verbal de levée de scellés des papiers de M. Mazelin, 2 septembre 1745. Un fort volume in-4. Cartonné.

207. MACHINE A FILER LE LIN (pièces sur une).

Dossier intéressant comprenant 13 pièces manuscrites ou impri- mées (1810 à 1812), concernant une machine à filer le lin, de l'inven- tion de M. Debézieux, procureur impérial près le tribunal de pre- mière instance de San Remo. Plusieurs sont de la main de M. Debé- zieux, et d'autres à lui adressées signées par M. de Montalivet, de Sur- sy, du Bouchage. Ensemble, 28 p. in-fol. et in-4.

208. MANUSCRITS DIVERS.

1° Notice biographique sur Pierre Puget. 1805, avec des corrections. 33 p. in-4.

2° Notices sur la vie et les ouvrages de Jean-Bernard Restout, pein- tre. — Robert Strange. — Christophe-Gabriel Allegrain. — Josué Rey- nolds. (Extraites du *Magasin encyclopédique*.) 80 p. in-4.

3° Notice sur Jean-Bapt. Stouf, statuaire (par sa veuve). 3 p. 1/2. in-4.

4° Notice sur Jacques-Philippe Le Sueur, statuaire. 1. p. in-4.

5° Concours de sculpture, gravure, etc. (Incomplet des pages 1 à 4.) 14 p. — Première exposition des ouvrages d'art, au Louvre, en 1795. 34 p. — Lettre du général Puthod, au rédacteur du *Magasin ency- clopédique*, sur quelques tableaux de la ville de Bergues. 4 p. — No- tice d'une gravure de 1467 trouvée à la bibliothèque publique de Strasbourg, par J. J. Oberlin. 8 p. — Mémoire du ministre de l'inté- rieur Rolland, sur la Bibliothèque nationale. 6 p. — Lettre du même à la Convention nationale. 6 p. — Ensemble, 72 p. in-4, extraites du *Magasin encyclopédique*.

6° Copies de lettres d'artistes. 56 lett. adressées à MM. Duchesne, et à divers. Ensemble, 108 p. in-4.

209. MANUSCRITS DIVERS.

Affaires des jésuites en 1603. 4 p. in-fol. — Copie du mémoire du duc de Bourgogne, père de Louis XV. 18 p. in-4. — Voyage dans le Milanais. Anecdotes. 3 p. in-8 et 35 p. in-fol. — Anecdotes sur Rome. 11 p. in-4. — Recette de l'eau d'Albion. 2 p. in-4. — Recette pour faire un thé de bœuf. 2 p. in-4. — Pièce de vers sur le roi, etc. 1735. 2 p. 1/4 in-4. — Copie d'une lettre dénonciatoire. Paris, 24 ventôse an ii. 2 p. in-4. — Copie d'un poëme sur la liberté.... 1793. 8 p. in-4. — Pierres tombales à Hennemont. 2 p. in-8. — Et neuf autres manus- crits, 54 p. in-4 et in-fol. — Ensemble, 145 pages.

210. MANUSCRITS DIVERS.

Sur les pontifes de l'ancienne Rome et quelques hommes célèbres de l'antiquité, etc. 2 cahiers in-4. — Instructions sur le catéchisme, etc., etc. 18 cahiers in-4.

211. MANUSCRITS DIVERS *sur les beaux-arts*, etc.

1° Notice sur un dessin donné à la Bibliothèque du Roi, en avril 1767, par M. le vicomte de Baune, petit-fils du maréchal de Berwick, lequel provenant de ses ancêtres, porte environ « cinquante pieds de

« longueur, il est en forme de frise; les objets qui sont tracés dans
« cette étendue sont plus ou moins terminés et plus ou moins con-
« servés, ils sont collés alternativement sur des feuilles de vélin, des-
« sinés et lavés partie au bistre et partie rehaussés en couleur. Ce
« dessin représente la marche pompeuse d'une de ces processions que
« la Ligue enfanta et que le roy Henry III protégea à l'instigation du
« projet qu'avaient formé les princes de la maison de Lorraine qui, sous
« le prétexte de maintenir la religion catholique, apostolique et ro-
« maine en France, contre ceux de la religion prétendue réformée,
« excitèrent la capitale et toutes les autres villes des provinces par
« des cabales et de fréquentes processions sous le titre de la sainte
« union, à prendre les armes contre ceux qui n'abjuroient point la
« religion hérétique, mais dont le vray motif étoit de frustrer le roy
« de Navarre, héritier présomptif de la couronne de France, pour,
« eux, princes lorrains, s'en revêtir.... Nicolas Houel, Parisien, a com-
« posé ce dessin; il avoit le génie orné, et ses talens luy acquirent le
« titre d'intendant des arts de la reine régente, Catherine de Médi-
« cis..., » 4 gr. p. pl. in-4.

2° De la statue équestre du czar Pierre Ier. 4 p. pl. in-fol.

3° Arc de triomphe avec un mausolée antique des Romains que l'on
voit à Saint-Rémy, ville de Provence, à quatre lieues d'Arles.... par
Lemoine de Châteaufort. 5 p. 1/2 in-fol. — Plus, le trait au crayon
des deux monuments, et une lettre aut. sig. adressée à M. Duchesne,
prévôt des bâtiments du Roi, datée de Toulon, le 29 oct. 1760. 4 p. in-4.

4° Traduction (en français) des vers allemands qui se trouvent sous
la suite des ducs de Bavière; tableau conservé au cabinet des estampes du Roi. 14 p. pl. in-4.

5° Mesures de quelques tableaux du musée d'Anvers. 1829. 3 p. et
demie, in-4.

6° Description d'une tenture de tapisserie appartenant au Roi, et
représentant l'histoire de saint Jean-Baptiste. 3 p. in-fol.

7° Dessins (sur des) pour une tenture de tapisserie; composés pour
la reine Catherine de Médicis, veuve de Henri II, par l'un des peintres
florentins qui ont travaillé à Fontainebleau, qui a choisi dans l'histoire d'Artémise, etc., etc. 2 p. in-fol.

8° Notice sur le frère Attiret, jésuite, peintre de l'empereur de la
Chine, mort en 1768. 1 p. 1/2 in-fol.

9° Dessins indiens de M. Gentil, et observations sur ces dessins.
10 pages in-fol.

10° Sur des bas-reliefs représentant le triomphe des deux Tetricus,
découvert à Nérac en 1833. 7 p. in-fol. Curieux détails.

11° Notice sur la maison d'Antoine et Pierre Crozat. 1 p. 1/2 in-4.

212. MANUSCRITS DIVERS *sur les beaux-arts*, etc.

1° Des différentes manières de gravure ou de taille à l'usage des
estampes.... 53 p. in-4.

2° Liste et notes sur les monuments remarquables en bronze des
temps anciens et modernes. 61 p. in-4.

213. MATERIAUX pour servir à l'histoire de l'origine et des
progrès de la gravure en cuivre et en bois.

Avec une exposition de la découverte intéressante qui fut faite
dans le cabinet national de Paris d'une estampe originale du célèbre
Maso Finiguerra, par D. Pierre Zani (1802). 78 p. in-4. — Plus, 70 p.
de notes manuscrites sur quelques estampes de cabinets célèbres, in-4.

214. NOTRE-DAME DE LIESSE.

1° Inventaire (copie de l') des effets et ustensiles en or et en argent,
servant au culte, et pesées d'iceux, trouvés en l'église de Liesse, et
saisis, en vertu de la loi du 10 septembre 1792, fait le 15 octobre
1792. 3 p. 1/2 in-fol.

2° Inventaire (copie de l') fait le 29 septembre 1792 et jours suivants, dans les églises cathédrale, paroissiales, chapelles des couvents, des hospices, etc., de la ville de Liesse, des effets et ustensiles en or et en argent, servant au culte, et pesées d'iceux...., et saisis, etc. 8 p. 1/2 in-fol.

215. PÊCHEURS A VERGES SUR LA SEINE, *à Paris.*

Requête des jurés et maîtres pêcheurs à verges de Paris, aux grands maîtres enquesteurs et généraux réformateurs des eaux et forêts de France, et assignation donnée au sieur Vallée, concierge de la Samaritaine de Paris, en vertu d'un arrêt du Parlement de Paris du 23 mars 1739.... Paris, 20 septembre 1748. 3 p. pl. et demie in-4.

« ....Supplient humblement François-André Lenormand, juré, « chargé de la communauté des maîtres pêcheurs à verges de Paris, « François Babot, maistre pescheur à verges, et la communauté des « maîtres pescheurs à verges à Paris. Disant, que saint Louis prenoit « quelquefois sa récréation, à voir pescher à verges des fenestres « du palais qui estoit alors le séjour ordinaire de nos Roys. Le feu « Roy de glorieuse mémoire a eu la bonté de faire détruire les signes « qu'il auoit sur la rivière parce qu'ils faisoient tort aux pescheurs en « consommant le poisson, et aujourd'huy un très simple particulier, « le sieur de la Vallée, concierge de la Samaritaine, prend plaisir à « troubler et vexer les supplians dans l'exercice de cette pesche, « même les jurés dans l'exercice de leurs fonctions, il jette ou fait « jetter par les fenêtres de la Samaritaine des pierres sur ceux des « supplians qui passent dans leurs bateaux par dessous le Pont-Neuf, « et des pierres capables de les tuer s'ils en estoient attrapés et ne « se sauvoient au plus vite. Il tire ou fait tirer sur eux des coups de « pistolets par les mêmes fenêtres, etc., etc. »

Amiens (pièce sur parchemin, relative à une maison de la ville d'), appartenant à Nicolas Maloisel, en date du 12 janvier 1524. Avec une copie moderne.

216. PHILIBERT DE L'ORME (Notice sur la vie et les œuvres de).

Manuscrit d'une bonne écriture du dernier siècle. 38 p. pl. in-4.

217. PIECES FUGITIVES en vers et en prose, de 1660 à 1815.

Quatre portefeuilles contenant ensemble 3000 pag. environ, in-18, in-8 et in-4. Il y en a d'imprimées (chansons, pots pourris, etc.).

218. POUSSIN (monument élevé à la mémoire de Nicolas).

État des recettes et des dépenses, notes de souscription, correspondance et pièces officielles relatives à l'érection de la statue en bronze de Nicolas Poussin élevée aux Andelys le dimanche 15 juin 1851. 12 pièces. Ensemble, 22 p. in-8, in-4 et in-fol.

Nomenclature des ouvrages du Poussin (avec l'indication de ceux qui ont été gravés et les noms des graveurs). Manuscrit avec un grand nombre de corrections et d'indications aut. de M. Duchesne aîné. 8 pages in-fol.

Du Cange (monument à la mémoire de). L. aut. sig. de M. Charles Dufour, secrétaire de la Commission chargée d'élever un monument à la mémoire de du Cange, à M. Duchesne aîné, trésorier de la Société de l'histoire de France. Amiens, 25 mars 1851. 3 p. in-4. — Liste originale de la souscription des membres de la Société de l'histoire de France, avec 17 signatures. 1 p. in-fol.

219. RECHERCHES SUR LES NOMS PROPRES, ABRE- VIATIONS ET MONOGRAMMES, par J. A. Boucher, correspondant de l'Institut de France.

Manuscrit aut. envoyé à l'Institut de France, en ventôse an x (mars 1802). 59 p. in-4 d'une très-bonne écriture. — Plus, 13 p. in-4 de notes d'abréviations et monogrammes....

220. RELIQUES DE SAINT ADRIEN.

Témoignage du notaire apostolique pour les **reliques de saint** Adrien. Rome, 3 juin 1656. 5 p. (en italien) in-fol.

RELIQUES DE SAINT MARTYR, COMPAGNON DE SAINT DENIS. Pièce signée (sur parchemin), de *Françoise de Lorraine*, abbesse de Montmartre (signée aussi de cinq autres religieuses), par laquelle elle déclare avoir donné à madame Marie-Madeleine Colbert, abbesse de Saint-Saens en Normandie..... *une relique d'un saint martyr, compagnon de saint Denis Aréopagite, apostre de la France. Pour être mise et révérée en l'église de la dicte abbaye. 30 août 1660.*

Pièce signée (sur parchemin) de Pierre de Marca, archevêque de Toulouse, en faveur d'Anne Le Tellier, abbesse du monastère de Saint-Sidoni. Paris, 1657.

Reliques des Saints gardées en l'église de Neuchâtel. Pièce sur parchemin. 1510.

221. RIGAUD (Abrégé de la vie de **HYACINTHE**), *écuyer, citoyen noble de la ville de Perpignan, peintre du Roi, professeur de son Académie de peinture et de sculpture de Paris....*

Manuscrit d'une bonne écriture. 1716. 24 p. in-fol.

222. RIGAUD (Catalogue de l'œuvre gravé du sieur **HYACINTHE**).

Dressé chronologiquement, sur le registre qu'il tenait de ses ouvrages à mesure qu'ils sortaient de son pinceau ; avec les noms des graveurs, l'année de la publication de chaque estampe, et les autres éclaircissements nécessaires. Manuscrit d'une bonne écriture, 33 gr. p. in-fol. Plus, pièce de vers manusc. sur Rigaud. 3 p. 1/2 in-4.

223. TALLEMANT DES REAUX (Historiettes de).

Réunion des passages qui n'ont pas dû être publiés dans les éditions précédentes des HISTORIETTES. Cet extrait est écrit en entier de la main de M. le marquis de Châteaugiron, ancien professeur des manuscrits de Tallemant des Réaux. Six cahiers (1 par volume), ou 66 pages in-8.

CHATEAUGIRON (le marquis de), pair de France, mort consul général de France à Nice. Douze lett. aut. sig., à M. Duchesne aîné. Aulnay, 1824-1825. Ensemble, 15 p. in-8.

224. VOLTAIRE et autres.

Copies de poésies, lettres en vers, nouvelles, pièces fugitives, etc., la plupart de Voltaire, de Mme Deshoulières, etc. Soixante-six pièces détachées. Ensemble, plus de 500 p. in-4. Belle écriture du temps.

225. VOYAGE EN ESPAGNE.

Voyage en Espagne et description des choses les plus estimables et dignes qu'il y a ; par don Antoine Pons, secrétaire de l'Académie royale de Saint-Ferdinand. Traduction française du premier volume de la seconde édition publiée à Madrid en 1776. 44 cahiers de 24 p., ou plus de 1000 p. in-4.

226. VOYAGE D'ITALIE EN 1811.

Recueil de pièces, documents, notes sur les beaux-arts, les monuments, les mœurs, les coutumes, etc., en français et en italien, classés par villes, bourgs, etc., depuis le départ de Paris ; jusqu'au retour, renfermés dans neuf cartons.

227. DUCHESNE (Antoine), prévôt des bâtiments du Roi.

Manuscrits aut. renfermés dans quarante portefeuilles, contenant des notes, documents, etc., sur l'histoire, la politique, la religion, les mœurs, les beaux-arts, la peinture, la gravure, l'architecture, les sciences, etc., etc. de tous les peuples depuis le IVe siècle avant Jésus-Christ, jusqu'à la fin du XVIIIe. Tous ces manuscrits, entièrement de la main de M. Antoine Duchesne, et d'une écriture très-lisible, sont en feuillets et cahiers détachés, et peuvent être classés par ordre de matières ou alphabétique ; ils offrent un très-grand intérêt.

228. DUCHESNE (Antoine). Manuscrits divers aut.

1° Matériaux pour servir à l'histoire des bâtiments français et étrangers, du Ier au Xe siècle. 1780. Portefeuille contenant 500 pages environ, in-4.

2° Pièces diverses sur l'architecture, les architectes célèbres; ouvrages sur l'architecture, etc. Portefeuille contenant environ 300 pages in-4.

3° Contrôleurs des bâtiments du Roi sous Louis XIV et Louis XV, et autres pièces concernant les bâtiments. Portefeuille contenant 300 pages environ, in-4.

4° Mémoires pour servir à l'histoire des bâtiments gothiques depuis saint Louis jusqu'en 1529. — .... des surintendants des bâtiments de France, de 1529 à 1703., etc., etc. Portefeuille contenant plus de 200 pages in-4.

5° Pièces concernant les bâtiments du Roi, etc. Environ 250 p. in-4.

229. DUCHESNE (Antoine), manuscrits divers.

1° Notice sur Jean Goujon, les divers architectes du Louvre, les surintendants des bâtiments du Roi, etc., pendant les XVIe et XVIIe siècles. 26 p. in-4.

2° Notices sur Jean et Charles Delorme, médecins de Henri IV et de Louis XIII. 6 p. in-4.

3° Notices biographiques, historiques, littéraires, etc. 40 p. 1/2 in-4.

230. INSALATA D'OGNI ERBE, par M. ANTOINE DUCHESNE.

Insalata d'ogni erbe ou notes et annotations diverses. 1739. Salade de petites herbes, secouée par A. D. (Antoine Duchesne) à 31 ans. Manuscrit aut. de plus de 500 p. in-4. rel. veau brun. Très-curieux.

231. MANSART (Notice sur François et Jules-Hardouin), par Antoine Duchesne, prévôt des bâtiments du roi.

Manuscrit aut. comprenant, pour François, 19 p. pl. in-4 ; pour Jules-Hardouin, 22 p. pl. in-4 (manquent les pages 1 et 2). — Chanson aut. sur Jules-Hardouin Mansart. — MANSART DE JOUÏ (sur). 1/2 p. aut. in-4. — NOTE POUR M. MARIETTE. 3 p. 1/2 aut. in-4. — PROJET DE CATALOGUES DES TABLEAUX DU ROI. 1747. 4 p. pl. aut. in-4. — Note aut. sur un portrait du Poussin. 1/2 p. aut. 1 p. in-4. — Minute aut. d'une lettre adressée à M. Chompré. Versailles, 23 nov. 1753. 2 p. pl. in-4.

MANSART (sur la manière d'écrire le nom de). Minute d'une lettre de M. Duchesne aîné, à M. Trepsut, architecte à Versailles, en date de Paris, an XIII, avec des corrections aut., suivie de la copie d'une lettre de M. Duvivier, sur le même sujet, en date du 2 février 1852. Ensemble, 10 p. in-8.

232. TABLEAUX DU ROI, par ANT. DUCHESNE.

Indication des numéros, des sujets et des auteurs des tableaux du Roi, déposés et rangés dans les salles de la surintendance de ses bâtiments. Manuscrit aut. d'Antoine Duchesne. 1750. 65 p. in-8.

233. DUCHESNE (Antoine-Nicolas), botaniste.

1° Règlement aut. sig., relatif à la police et à l'habillement des deux premières compagnies du lycée de Versailles dont il était censeur. Versailles, 7 janvier 1800. 3 p. in-4.

2° ENTRETIEN, OU JOURNÉE BOTANIQUE. — Suivis de trois lettres sur la botanique, et d'un vocabulaire. Ensemble, 75 p. aut. in-8.

3° Sur l'établissement d'une nomenclature européenne d'histoire naturelle, mémoire lu à l'Institut national par Antoine-Nicolas Duchesne, et autres pièces du même. Manuscrit d'une main étrangère. 28 p. in-4.

234. DUCHESNE (Antoine-Nicolas). Manuscrits divers.

1° Histoire naturelle des fraisiers, 1766. 500 pages environ in-4.

2° Recueil de matériaux concernant la botanique, le jardinage, et la décoration des jardins. 1761. 2 vol. in-4.

3° Table de l'Encyclopédie méthodique, 1 vol. in-8 de plus de 300 p.

4° Lectures ecclésiastiques tirées des Matines du Bréviaire de Paris, etc. Liasse de plus de 300 p. in-4.

5° Manuel eucharistique, contenant les paraphrases des antiennes, proses et hymnes du saint sacrement, etc. Liasse de plus de 300 p. in-4.

235. DUCHESNE aîné (*Dictionnaire de la Conversation*, par M.).

Recueil des articles du *Dictionnaire de la Conversation*, rédigés par M. Duchesne aîné, 1832-1833. Manuscrit, en partie autographe. Un très-fort vol. in-4. 1/2 rel. veau.

236. ABRÉVIATIONS DES GRAVEURS.

Abréviations et monogrammes des graveurs, par M. Duchesne aîné. Mille notices environ (feuillets détachés), grand in-8. — Plus, un petit paquet de notices sur les monogrammes des peintres et graveurs. Environ 100 pages in-18.

237. CATALOGUE POUR LES BEAUX-ARTS.

Cartes renfermées dans trois cartons à compartiments, description de tableaux, gravures, monuments publics, églises, artistes, etc., par M. Duchesne aîné.

238. CHASSES (documents historiques sur les châsses), par M. Duchesne aîné.

Avec 1° le nom de leurs constructeurs. — 2° Le temps où elles ont été faites. — 3° Le lieu où elles ont été conservées. — 4° L'époque de leur destruction. — 5° Des renseignements sur les translations ou les processions auxquelles elles ont donné lieu. 1852. (On lit au bas du titre, de la main de M. Duchesne : Ce travail a été commencé en 1834 sur des notes faites en 1832. Une copie a été faite en 1837. — Autre copie en 1852). Ce manuscrit, *qui est inédit*, est une mise au net d'une bonne écriture, avec de nombreuses corrections de la main de M. Duchesne. Il se compose de 720 pages petit in-4. L'adjudication conférera le droit de publication.

DOCUMENTS HISTORIQUES SUR LES CHASSES, etc. Première minute de l'ouvrage qui précède, la plus grande partie de la main de M. Duchesne. 136 pages in-4.

DOCUMENTS HISTORIQUES SUR LES CHASSES, etc. Deuxième minute. Avec de nombreuses notes détachées, etc., la plus grande partie de la main de M. Duchesne. 1000 pages, environ, in-8 et in-4.

239. DESCRIPTION DES MUSÉES du Louvre, des villes de France et de l'Europe, par M. Duchesne aîné, etc.

Trois cartons remplis de cartes descriptives (peut-être plus de 5000), des tableaux existants dans tous les musées de l'Europe, ayant servi pour la description des tableaux du musée du Louvre, gravé par Réveil, etc., etc.

240. ESSAI SUR LES CARTES A JOUER, par M. Duchesne aîné.

Manuscrit en partie autographe avec de nombreux changements et correction, minute, mise au net, etc. Ensemble, près de 1000 pages, environ. — Plus, notes manuscrites détachées, sur les **cartes à jouer**, sur des tableaux gravés, etc. Environ 300 p. in-8.

Notice sur les cartes à jouer trouvées par le directeur Heideloff, à Nuremberg, dans la maison d'Albert Durer.... 8 gr. p. in-4.

241. ESSAI SUR LA GRAVURE, par M. Duchesne aîné.

Manuscrit *inédit*, mis au net, avec des corrections aut. 118 p. in-4.

242. ESSAI SUR LES NIELLES, gravure des orfévres florentins du xve siècle, par M. Duchesne aîné.

1° Manuscrit, la plus grande partie aut., avec de nombreuses ratures et corrections, 156 p. in-4.

2° Nielle tirée sur papier fort, in-18, avec une ligne d'envoi (au bas), aut. sig. du duc H. Wellesley, à M. Duchesne aîné, et le calque sur papier végétal d'une autre petite nielle.

243. GRAVEURS ET PEINTRES.

Biographie alphabétique des graveurs, des peintres qui ont gravé eux-mêmes, et des éditeurs, imprimeurs ou marchands dont les noms se trouvent sur les estampes, par M. Duchesne aîné. Août 1823. Mss. aut. sur feuillets détachés, contenant environ 1000 notices, gr. in-8.

244. GRAVURE, *cabinets de tableaux*, *estampes*, etc. (manuscrits autographes de M. Duchesne aîné sur la).

1° Essai historique sur la gravure. 1851. 66 p. pl. in-4.

2° Artistes antérieurs à Louis XIV, et dont les noms et les ouvrages sont maintenant peu connus, etc. 25 p. in-8.

3° Définition du mot gravure; des différentes sortes de gravures, ancienneté de la gravure sur métal confondue avec la ciselure et la sculpture, noms des graveurs cités par Moyse et par Pline, monuments anciens de gravures, des nielles, etc., etc. 68 p. in-8.

4° Argenterie et ornements d'églises, en 1792. Extraits de procès-verbaux de l'enlèvement d'argenterie en 1792. 30 p. in-8.

5° Amateurs (liste d') au nombre de 77, avec des détails intéressants, commençant à Balthazar Castiglione, ami de Raphaël, né en 1478, mort en 1520. 48 p. in-8.

6° Bibliothèques Mazarine, de Reims, des villes, des départements et de l'étranger. 54 p. in-8.

7° Architectes (notices sur plusieurs). 4 p. in-8.

8° Foudre (accidents causés par la). 4 p. in-8.

9° Galeries d'amateurs, de musées, etc. 4 p. in-8.

10° Liste des cabinets de tableaux, dessins, estampes et antiquités. 1834. 46 p. pl. in-4.

11° Mémoire sur la fabrication et le commerce du salpêtre en France. 1817. 17 p. in-4.

245. MAITRE DE 1466.

Description d'un alphabet gothique composé de figures grotesques d'hommes et d'animaux gravé en 1466, par un maître anonyme, et décrit par M. Duchesne aîné. Mss. de diverses écritures, et en partie aut. de M. Duchesne aîné. 290 p. in-8.

246. MANUSCRITS DIVERS *de M. Duchesne aîné.*

1° Description de deux processions mystiques et emblématiques qui eurent lieu à Paris sous le règne de Henri III (1579 et 1583), et qui se trouvent maintenant à la Bibliothèque impériale. Elles ont été dessinées par des artistes habiles, dont la manière de faire a beaucoup de rapport avec celle de l'école de Fontainebleau. 29 p. in-8.

2° Recueils de modèles gravés (description de) pour bijouterie, joaillerie, arquebuserie, etc., dans les xvie et xviie siècles. 16 grandes pages pl. in-4.

3° Liste générale de tous les noms d'artistes (la lettre A seulement). 24 p. in-4.

4° Anniversaires d'actes publics et autres, pour les douze mois de l'année et tous les jours du mois. 12 p. in-fol.

247. MUSEE FRANÇAIS (M. Duchesne aîné).

Musée français : Recueil (description du) de 343 planches d'après les plus beaux tableaux et les plus belles statues qui existaient au Louvre avant 1815. Avec des notices critiques et historiques sur chaque tableau et sur chaque statue, précédé d'un essai sur l'histoire de la peinture, de la sculpture et de la gravure, par M. Duchesne aîné. Manuscrit aut., avec de nombreuses ratures et corrections (incomplet d'un feuillet). 230 p. pl. in-4.

248. PROCESSIONS CÉLEBRES DEPUIS 1244.

Relations de quelques processions célèbres d'après des documents historiques. Manuscrits d'écritures différentes (plusieurs pièces de la main de M. Duchesne aîné). Ensemble, 170 p. in-8 et in-4.

Processions célèbres depuis saint Louis. 7 p. in-8.

249. PROJET D'UN CATALOGUE GÉNÉRAL de tous les tableaux des galeries publiques de l'Europe.

Manuscrit en partie de la main de M. Duchesne aîné, avec des parties recopiées par une autre main. Ensemble, 40 p. in-fol.

Notes à l'encre et au crayon de la main de M. Duchesne aîné, sur les beaux-arts, la photographie, faits divers, historiques, biographiques, etc. 90 pages in-8.

250. PROVERBES POPULAIRES, aut. de M. Duchesne aîné.

Trois cent treize cartes (in-18), contenant chacune un proverbe populaire pour les biens de la terre, les événements heureux ou malheureux pour chaque mois de l'année, etc.

251. VOYAGES DE M. DUCHESNE AINE *en Angleterre, en Allemagne, en Hollande*, etc., pour visiter les cabinets d'estampes royaux et particuliers.

1° Voyage en Angleterre en 1824 (notes aut. sur son). 32 p. in-4.

2° *Compte rendu à son Excellence le ministre de l'intérieur du voyage fait en Angleterre (en 1824) par M. Duchesne aîné, pour y examiner diverses collections d'estampes publiques et particulières. Paris, 5 juin 1824.* Minute aut. 32 p. in-4.

3° Voyage en Allemagne en 1827. STRASBOURG. — ANVERS, GAND. — AMSTERDAM. — BERLIN. — DRESDE. — LA HAYE. — MUNICH. — PRAGUES. — VIENNE. — Ensemble, 250 p. aut. in-4.

4° *Observations relatives aux arts faites en 1827 pendant un voyage en Allemagne, en Prusse et en Hollande.* 300 p. aut. in-4.

252. HORE BEATE MARIE VIRGINIS ad usum Parisiensem totaliter ad logū sine reqre.

Fort volume petit in-4 gothique, imprimé sur vélin (1498, incomplet de la fin), figures gravées sur bois, lettres majuscules et fleurons en couleur, réglé. Relié en basane, plats gaufrés.

FIN.

Publication de la correspondance de l'empereur Napoléon Ier.

Le *Moniteur* du 6 juin a publié la note suivante :

La commission instituée par le décret du 7 septembre 1854, pour recueillir et publier la correspondance de l'empereur Napoléon Ier, a décidé qu'avant d'en commencer l'impression, elle devait s'attacher à réunir le plus grand nombre possible de documents et ne rien négliger pour qu'aucune partie de cette correspondance n'échappe à ses recherches.

Dans ce but, la commission s'est adressée au public et aux particuliers, par la voie du journal officiel, par des lettres spéciales aux préfets, aux conservateurs des archives et bibliothèques, aux ambassadeurs et autres représentants de la France à l'étranger; enfin par des démarches personnelles près des anciennes familles de l'Empire.

Déjà plusieurs de ces familles ont dignement répondu à l'appel de la commission; elle a aussi reçu des départements des documents importants, et elle espère que de nouvelles recherches lui en fourniront un plus grand nombre encore; plusieurs États étrangers, notamment l'Autriche, le Piémont, la Toscane, la Suède, la Hesse, etc., lui ont aussi adressé la copie des pièces renfermées dans leurs archives.

Le nombre des pièces transcrites dépasse déjà 10 000, dont la plus grande partie a été recueillie aux ministères de la guerre, des affaires étrangères, de la marine et des finances, ainsi qu'au bureau établi pour concentrer tout le travail de la commission.

Les pièces copiées au bureau proviennent, la plupart, des communications faites par des particuliers ou par d'anciennes familles de l'Empire. Ainsi la commission doit déjà un grand nombre de documents précieux à l'obligeance de :

MM. les fils du comte de Champagny, duc de Cadore ; le comte Daru ; Mme la baronne de Nougarède (fille du comte Bigot de Préameneu) ; le duc d'Istrie ; Mme la maréchale princesse d'Eckmuhl ; le général Oudinot, duc de Reggio ; le duc de Valmy ; le comte Le Marois ; le duc de Plaisance ; le comte de La Riboisière ; le baron de Meneval ; le comte Defermon ; Pauthier (neveu du général Donzelot) ; le duc de Padoue ; le prince de Wagram ; le comte Rœderer ; Amédée Thayer (gendre du général Bertrand) ; Barbier, conservateur à la Bibliothèque impériale du Louvre ; le duc d'Abrantès ; le comte Boulay (de la Meurthe) ; de Chambry ; Ducasse (le commandant) ; le baron Eschassériaux ; Fresnel (Léonor) ; Mme la icomvtesse Gazan ; Jomard, de l'Institut ; Laverdet, expert ; Mme la baronne de Rusca ; comte Réal ; Ripault, fils du bibliothécaire de l'Empereur ; comtesse Regnault de Saint-Jean d'Angély ; maréchal-comte Reille ; Taillandier ; Varlet, etc.

Toutes ces pièces ne sont pas nécessairement destinées à l'impression, mais il suffit qu'elles renferment une pensée ou un ordre de l'Empereur pour que la commission se fasse un devoir de les recueillir.

La commission ne doute pas que bientôt toutes les autres familles et les particuliers qui ont en leur possession des documents de la correspondance de Napoléon ne s'empressent de les lui communiquer. Elle ne demande pas les pièces originales, des copies certifiées conformes lui suffisent. Elle envoie copier ces pièces dans les familles qui lui en témoignent le désir : quand les documents originaux lui sont adressés, la commission les fait immédiatement transcrire et les rend aussitôt à ceux qui les lui ont confiés.

Chacun des membres de la commission peut recevoir communication des documents.

Elle se compose de :

Son Excellence M. le maréchal Vaillant, ministre de la guerre, grand maréchal du palais, président.

MM.

Le baron Ch. Dupin, sénateur, membre de l'Institut, vice-président, rue du Bac, n° 24 ; le comte Boulay (de la Meurthe), sénateur, rue de Vaugirard, n° 58 ; P. Mérimée, sénateur, membre de l'Institut, rue de Lille, n° 52 ; le général de division Aupick, sénateur, rue du Cherche-Midi, n° 91 ; Armand Lefebvre, de l'Institut, conseiller d'État, directeur au ministère des affaires étrangères, rue Neuve-des-Mathurins, n° 39 ; de Chabrier, directeur général des archives de l'Empire ; Chassériau, maître des requêtes au conseil d'État, rue Fléchier-Saint-Georges, n° 2 ; le général-comte de Flahaut, sénateur, rond-point des Champs-Élysées ; Cucheval-Clarigny, directeur des journaux *le Constitutionnel* et *le Pays* ; le général de division baron Pelet, sénateur, membre de l'Institut, rue de l'Université, n° 82 ; le comte Paul de Champagny, député au Corps législatif, rue de l'Arcade, n° 4 ; Perron, chef de section au ministère d'État, secrétaire de la commission.

Les bureaux sont établis au Palais-Royal, rue de Valois, n° 1.

Ch. Lahure, imprimeur du Sénat et de la Cour de Cassation
(ancienne maison Crapelet), rue de Vaugirard, 9.

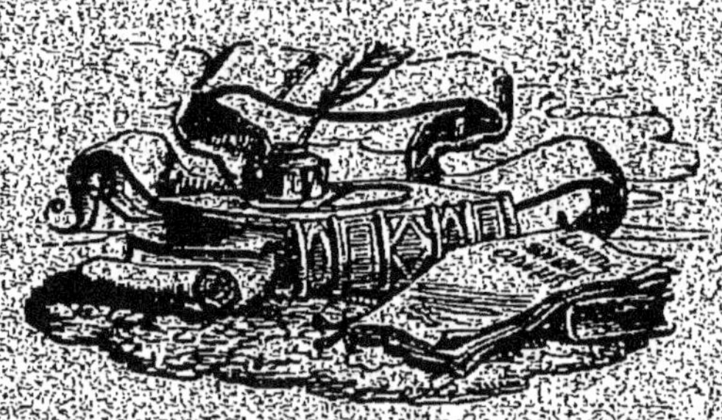

Ch. Lahure, imprimeur du Sénat et de la Cour de Cassation
(ancienne maison Crapelet), rue de Vaugirard, 9